T4-AKQ-244

SP BIO MARTI
Trivino, Consuelo.
Jose Marti : amor de
libertad /

PALM BEACH COUNTY
LIBRARY SYSTEM
3650 SUMMIT BLVD.
WEST PALM BEACH, FLORIDA 33406

José Martí

José Martí
Amor de libertad

Consuelo Triviño Anzola

PANAMERICANA
E D I T O R I A L

Triviño Anzola, Consuelo
   José Martí / Consuelo Triviño. — Bogotá:
Panamericana Editorial, 2004.
   136 p. ; 21 cm. — (Personajes)
   ISBN 958-30-1435-4
   1. Martí, José, 1853-1895 1. Tít. II. Serie.
923.27291 cd 20 ed.
AHU8491

   CEP-Banco de la República-Biblioteca Luis Ángel Arango

Editor
Panamericana Editorial Ltda.

Dirección editorial
Conrado Zuluaga

Edición
Adriana Paola Forero Ospina

Diseño, diagramación e investigación gráfica
Editorial El Malpensante

Cubierta: José Martí fotografiado en Brooklyn (Estados Unidos) en 1885
Foto cortesía de Álvaro Castillo Granada

Primera edición, octubre de 2004
© Panamericana Editorial Ltda.
   Texto: Consuelo Triviño Anzola
Calle 12 N° 34-20, Tels.: 3603077–2770100
Fax: (57 1) 2373805

Correo electrónico: panaedit@panamericanaeditorial.com
www.panamericanaeditorial.com
Bogotá D. C., Colombia

ISBN 958-30-1435-4

Todos los derechos reservados.
Prohibida su reproducción total o parcial
por cualquier medio sin permiso del Editor.

Impreso por Panamericana Formas e Impresos S.A.
Calle 65 N° 95-28, Tels.: 4302110–4300355, Fax: (57 1) 2763008
Quien sólo actúa como impresor.
Impreso en Colombia
Printed in Colombia

"La patria es dicha de todos, y dolor de todos, y cielo para todos, y no feudo ni capellanía de nadie".

José Martí

Inicio de la guerra de independencia en Cuba

[...] fue conspirador, mensajero, soldado, jefe, orador, poe-
ta, periodista. Puso todo su corazón y su alma en las activi-
dades por él escogidas para esculpir su vida. Para cumplir
el anhelo de independencia no vaciló en aceptar la muerte
cuando creyó necesario ese sacrificio.
—Baldomero Sanín Cano

Montecristi, febrero de 1895

El 7 de febrero de 1895 José Martí, el héroe de la independencia de Cuba, llegó a Montecristi, un puerto de República Dominicana cerca de la frontera con Haití. Se había embarcado
en Cayo Hueso, en los Estados Unidos, dispuesto a luchar por
la libertad de su patria. Tenía cuarenta y dos años recién cum-
plidos y había permanecido más de veinte fuera de Cuba. Lo
extraordinario es que en ese tiempo no dejara de trabajar nunca por la independencia de su país, desde que fue desterrado a
España a los diecisiete años. La mayor parte de su exilio transcurrió en los Estados Unidos de América. Eligió residir en ese
país adonde emigraban desde mediados del siglo XIX comer-
ciantes y trabajadores cubanos que huían de la dominación
española, en busca de las libertades que ofrecía el coloso y
pujante país del Norte. Entre los exiliados que añoraban su
patria, Martí pudo despertar la conciencia independentista.
Fueron ellos quienes aportaron el dinero necesario para llevar

a cabo la campaña de guerra que se aprestaba a realizar ese fatídico año de 1895.

Regresar a su patria para conquistar la libertad, enfrentándose a los enemigos, significaba la realización de un sueño acariciado desde la adolescencia. Al salir del presidio, adonde fue enviado por las autoridades españolas, Martí juró luchar sin descanso por la libertad, y en aquel momento estaba muy próximo a cumplir esa promesa. Pero él, que era un hombre pacífico, había intentado antes dialogar con los políticos más influyentes de la metrópoli para lograr una solución. De modo que la guerra no fue la primera opción, sino la única alternativa que vislumbró después de sus fallidos esfuerzos por convencer a los republicanos españoles, que acababan de derrocar a la monarquía, para que concedieran más libertades a los cubanos. Desilusionado por la intransigencia de la República, que le negaba a la isla lo que se consideraban derechos universales, tomó la determinación de preparar la guerra, para lo cual convenció a los compatriotas de dentro y fuera de la isla de que contribuyeran a la causa.

Martí empezó a luchar por la independencia propagando primero sus ideas entre los exiliados cubanos en España, luego entre los exiliados en los Estados Unidos. En ese proyecto colaboraron, en cierta medida, miembros de la logia masónica Armonía, con la que estableció vínculos en España. También se preocupó por ganarse a los emigrados en Centroamérica, donde se refugiaban los líderes que en 1868 habían participado en levantamientos armados en la isla: Máximo Gómez y Antonio Maceo. El primero había nacido en 1836 en República Dominicana, en el seno de una familia humilde, y se había trasladado a Cuba donde se vinculó al ejército español, pero al ver la situación de los esclavos cambió su forma de pensar y se unió al movimiento independentista. El segundo había nacido en Cuba en 1845 en el seno de una familia de negociantes. El padre era de origen venezolano y poseía una finca en las estribaciones de la Sierra Maestra. A los diecisiete años se trasladó a La Habana para atender los negocios familiares, y allí entró en contacto con algunos grupos independentistas.

Martí promovió sus ideas entre los trabajadores cubanos de las tabacaleras de Cayo Hueso en Florida, quienes colaboraron con gran eficacia en la causa independentista. Dicen que después de escuchar sus discursos los obreros acababan llorando emocionados. Éstos poco entendían las ideas filosóficas en las que se apoyaba Martí, pero era tanta la fuerza que empujaba su verbo que los convencía. Esa fuerza de sus palabras residía en su coherencia al hacer coincidir pensamiento, palabra y acción en cada paso que daba. Tal es la característica que define la vida del héroe de la independencia de Cuba, una existencia pura en el sentido más profundo, un caso excepcional, un ejemplo muy saludable en la historia de América Latina, tan llena de traiciones.

Martí empezó a preparar esa "guerra necesaria" en 1880 en Nueva York cuando al llegar de España el Comité Revolucionario de esa ciudad lo nombró vocal. Allí fundó periódicos y colaboró además en los diarios y las revistas más importantes de Latinoamérica, de modo que llegó a ser ampliamente conocido en poco tiempo. Dio conferencias en distintas ciudades de los Estados Unidos entre los trabajadores cubanos, a quienes ayudó a organizar para que colaboraran con la independencia. Con ellos fundó clubes, moderó debates, recaudó fondos para apoyar las campañas militares y siempre se mantuvo en contacto con los isleños que defendían la causa. Martí también expuso con claridad y contundencia sus ideas frente a los líderes militares. Para él era muy importante que éstos entendieran que el sentido de esa guerra no era ganarla con la finalidad de hacerse con el poder. No, el objetivo debía ser la construcción de un país basado en principios humanitarios que garantizaran la igualdad, la libertad y la justicia para todos los ciudadanos.

Una vez aclarada la estrategia, Martí centró sus esfuerzos en unir a los cubanos de dentro y fuera de Cuba que deseaban la independencia. Para llegar a esa meta sabía que debía ganarse a los liberales españoles que habían echado raíces en la isla y asegurar su neutralidad. Asimismo, entendía que debía ligar a los puertorriqueños con la causa cubana y además hacerse respetar en los Estados Unidos, para disfrutar de la libertad que allí se vivía y poder así realizar actividades en pro de la causa. Sobre la base de esos principios empezó a organizar el partido y a preparar la guerra.

Ese año de 1895 Martí consideró que ya se habían conjugado una serie de circunstancias favorables para enfrentarse a las tropas españolas en la isla. Meses atrás había elaborado un plan que consistía en introducir en Cuba un cargamento de armas. Se trataba del Plan Fernandina, una jugada maestra que de haberse cumplido hubiera adelantado en tres años la tan ansiada independencia. Pero el plan se frustró por la intervención de un traidor. El 10 de enero de ese año, y a punto de ser enviado, el cargamento fue confiscado por las autoridades norteamericanas. El fracaso del plan fue un duro golpe para Martí, que tanto había trabajado para recaudar fondos, pero mucho más duro fue verse traicionado por uno de los hombres en quien había confiado. Se llamaba Fernando López de Queralta y era miembro de la expedición. Él reveló a los contratistas de la agencia de buques el verdadero objetivo de sus gestiones y desató la alarma entre agentes y propietarios. Para colmo de males, Martí ya había autorizado el pago del envío.

Martí logró escapar de las autoridades y volver a Nueva York, donde se refugió en casa de sus amigos. Gonzalo de Quesada, secretario del Partido Revolucionario Cubano, quien sería su albacea testamentario, declara haberlo acogido. Lo mismo afirma el médico Ramón Luis de Miranda. Probablemente se alojó en casa de ambos, ya que convenía a su condición de clandestino cambiar de domicilio. Martí se encontraba muy enfermo y triste por lo ocurrido. Y no era para menos, ya que habían perdido el cargamento de armas y los 5 mil pesos obtenidos con tanto esfuerzo. Por otro lado, tenía que moverse con mucho cuidado en la ciudad, no fueran a localizarlo los servicios secretos españoles. Pero él no se dejó vencer por tan poderosos obstáculos y empezó a reunir de nuevo fuerzas y recursos para adelantar la campaña. Lo más importante era convencer a Máximo Gómez y a Antonio Maceo para llevar a cabo la tan esperada declaración de guerra.

En Montecristi Martí esperaba la respuesta de los cubanos de la isla comprometidos con la causa. Con él se encontraban José María Rodríguez, *Mayía,* el representante del general Máximo Gómez y Enrique Collazo, quien meses antes había sido enviado a Filadelfia para que expusiera la peligrosa situación de los patriotas en Cuba, que estaban a punto de ser arrestados si no se actuaba pronto.

Sin embargo, el fracasado plan despejó las dudas de ciertos emigrados en torno a Martí. Algunos descreídos lo acusaban de ser capaz tan sólo de pronunciar discursos y pedir dinero. La adquisición de tan notable cargamento de armas era una prueba de que sus contribuciones se habían destinado a la financiación de la guerra, y eso animó a los emigrantes. Martí se recuperó moralmente y los convenció para que continuaran con los planes trazados. La estrella que lo guiaba vislumbraba una patria libre en la que los individuos de distintas razas podrían convivir cívicamente y donde la educación y la justicia estarían por encima de la ambición y el ansia de poder de los tiranos. Nada ni nadie alteró la firme convicción de que había llegado la hora de enfrentarse al enemigo para conquistar la independencia y recuperar así la dignidad perdida.

Desde los dieciséis años él ya lo había sacrificado todo por la libertad. A esa edad supo lo que era resistir y lo aprendió en las canteras donde fue condenado a trabajos forzados. De las cadenas del presidio le quedaron las heridas del alma, además de las cicatrices en los tobillos y una permanente dolencia inguinal. Pero fue precisamente al salir del presidio cuan-

do juró no descansar hasta lograr la independencia de Cu.
Aquel instante quedó grabado en el anillo que su madre le
mandó hacer con el hierro de esas cadenas y que llevaba escrita la palabra "Cuba". Fue el mismo anillo que le sirvió de
alianza cuando se casó con Carmen Zayas Bazán. De hierro
eran las cadenas que le arrebataron la libertad, pero de hierro también era su voluntad ejercitada golpe a golpe en las
canteras de las que salió fortalecido.

Sería un error decir que Martí fue un soñador romántico
cuando en su vida demostró ser un hombre práctico, en la
medida en que sus palabras se apoyaban en acciones. Esto se
puede ver en la forma como puso sus conocimientos al servicio de una idea. Agudo observador, traductor exacto, eficaz
promotor, tesorero, vocero, poeta, enfermero y soldado, en
la campaña Martí entregó a la causa lo que fue, y hasta lo que
no pudo ser. Su figura alcanza una dimensión continental en
cuanto su pensamiento trascendió las fronteras de su patria.
Su extraordinaria inteligencia y su sensibilidad hacia los menos favorecidos, e incluso hacia los tiranos, le permitieron tomar distancia y vislumbrar con mayor lucidez los problemas de
América Latina. De modo que nadie como él tenía más claro
el camino hacia la libertad y el progreso, entendido éste como
justicia social y mayor beneficio para todas las personas.

En ese invierno de 1895 en Nueva York se sentían con
crudeza los rigores del frío y Martí, enfermo como estaba de
bronquitis, no pensaba en otra cosa que en lo que le esperaba
en Cuba. De modo que al despedirse de sus amigos olvidó su
abrigo. Tenía pendiente una cita con el dentista para que le

sustituyera un molar que había perdido, pero como tardaba tanto la intervención, su viaje se estaba retrasando y él dejó pendiente ese compromiso. Le parecía secundario ocuparse de sí mismo en momentos en los que la patria reclamaba su presencia. Dicen que tenía una extraña expresión en su rostro, como el presentimiento de que ese viaje sería definitivo. Aunque era una persona en apariencia alegre, Martí llevaba dentro de sí una tristeza muy profunda que afloraba en sus versos. En un tono agónico transmitía la ansiedad que carcomía su alma: "grato es morir: horrible, vivir muerto", cantaba. Y es que para él la muerte era renuncia y pasividad, mientras vivir era una forma de morir. Tal vez porque desde muy joven tenía claro que su destino era dar la vida por sus ideales. Y de hecho, se hubiera dejado matar antes que delatar a sus compañeros. Fue precisamente por esa lealtad por lo que lo condenaron al presidio, ya que nunca se supo a ciencia cierta quién había sido el autor de la comprometedora carta que motivó la detención del joven José Martí y de su amigo Fermín Valdés. Lo cierto es que él se inculpó y asumió el severo castigo como consecuencia.

Pero de alguna manera, Martí sabía que su insobornable sentido de la justicia, de la igualdad y de la libertad, es decir, su idea de la democracia era muy incómoda, incluso para los jefes militares de la revolución, como Máximo Gómez y Antonio Maceo, cuyo autoritarismo resultaba incompatible con los principios democráticos de Martí. Esto se lo diría el primer presidente de la república de Cuba, Tomás Estrada Palma, en una carta escrita el 16 de marzo de 1892. Martí temía ser desterrado de su patria sin que se le diera la ocasión "de componer una forma viable de gobierno", ni de ajustar, como hubiera sido su cometido, las diferencias ya visibles entre los que no llegaban a entender que para defender la libertad se debía comenzar abdicando de ella. También había hablado de esto con su amigo mexicano Manuel Mercado en la última carta que escribió y que quedó inconclusa, el 18 de mayo de 1895, un día antes de su muerte. En aquella triste carta decía: "Sé desaparecer. Pero no desaparecerá mi pensamiento, ni me agriará mi oscuridad".

Como un ave negra, el caudillismo se cernía sobre su cabeza, y así alertó a los jefes para que evitaran ese mal que hacía estragos en las jóvenes repúblicas latinoamericanas. Martí insistía para que comprendieran que la guerra era un servicio a la patria, una forma de acatar la voluntad de un pueblo, no un medio de acceder al poder. Él, que había padecido el despotismo y vivido en carne propia la injusticia, creía sobre todo en el sistema democrático. En México, donde vivió unos meses tras su regreso de España, presenció la violenta intervención militar del general Porfirio Díaz, que impuso un régimen autoritario, destruyó el sueño de tantos liberales y mató las esperanzas de un pueblo. Más de una vez observó a los tiranos amordazar las conciencias. Martí rehusó elogiar a esos personajes a cambio de prebendas, como sí lo hicieron tantos intelectuales y poetas de entonces. Años atrás, en 1884, se enfrentó a ese viejo curtido que era Máximo Gómez, y al receloso Antonio Maceo, en una carta donde exponía sus puntos de vista respecto al sentido de la lucha. Les decía que había que entenderla como entrega y servicio a los otros, no como proyección de ambiciones personales. Las tensiones entre los jefes militares y él, como líder del Partido Revolucionario, se agudizaron durante la campaña de guerra. Era evidente que lo querían lejos del campo de batalla y mucho más lejos del triunfo inminente. El encuentro en Montecristi fue frío y el ambiente estuvo enrarecido por esas suspicacias que atormentaban a Martí.

25 de febrero: ¡Listos, por fin la orden de alzamiento!

A Máximo Gómez le pareció precipitado introducirse en Cuba después del fracaso del Plan Fernandina. Martí le explicó que los miembros del Partido Revolucionario no habían claudicado, que estaban de acuerdo con seguir adelante. La cuestión era dar o no la orden de alzamiento, a lo que el viejo ya no puso objeciones. El 25 de febrero se recibió respuesta a la orden de alzamiento enviada desde Cayo Hueso. El telegrama decía: "¡Listos!". Ese día llegó Mayía con los 2 mil pesos que lograron reunir para seguir adelante con la campaña. Al mismo tiempo, en Nueva York el periódico *Patria*, uno de los muchos que había fundado Martí, publicaba el contenido del telegrama, anunciando el estallido revolucionario y confirmando que Martí, junto con Gómez y Collazo, estaban en la República Dominicana.

Maceo, que se encontraba en ese momento en Costa Rica, se quejaba de la precipitada decisión de los miembros del Partido Revolucionario y de la escasez de fondos. Martí le respondió que en esas circunstancias le encomendaba al compañero Flor Crombet la tarea de agenciarse una embarcación con la única suma que les había sido posible reunir, pues él sí se ajustaba al escaso presupuesto. Maceo pedía imposibles. Martí le recordó de la forma más persuasiva y elegante, virtudes como el valor y el desinterés, necesarias en esa situación de guerra, que exigía grandeza por parte de los líderes. Esa grandeza de Martí era lo que más molestaba a los jefes militares, que a sus espaldas seguían maquinando para reducir su papel de héroe al de intelectual en favor de unas ideas. Sin más explicaciones, Martí le pidió a Flor Crombet que se pusiera a las órdenes de Maceo en cuanto llegara con el cargamento. Con su acostumbrada elocuencia, animaba a Maceo a seguir adelante, enviándole palabras de aliento, subrayando en él un patriotismo que si bien demostraba vencer a las balas, no iba a dejarse vencer por la pobreza.

El 2 de marzo, cuando Martí llegó con Máximo Gómez a Cabo Haitiano, debió soportar que éste lo apartara y se reuniera en secreto con los jefes militares. Es lógico que se sintiera herido y decepcionado, y además ofendido por esas actitudes. Para los jefes, Martí era uno de esos doctorcitos de ciudad: mucha palabra y poco coraje a la hora de la lucha armada. Molestaban sus ideas democráticas porque ellos querían organizar una junta militar cuando ganaran la guerra. Martí, en cambio, deseaba un gobierno en el que participaran los distintos sectores sociales y así garantizar las libertades públicas. Ansiaba luchar por estos ideales, incluso arriesgando su vida, y veía que hasta ese privilegio se lo iban a negar.

Gómez se daba importancia exponiendo sus recelos de estratega y señalando que la campaña era una empresa de proporciones colosales. Accedió a dar ese paso, no sin advertir que debían mantenerse los refuerzos desde los Estados Unidos. Para ello Martí tenía que regresar a cumplir con esa tarea. ¡Qué ganas tenía el general de alejarlo del campo de batalla! ¡Qué ganas tenía Martí de demostrar que también era útil en el combate! Gómez insistía: nadie mejor que él para despertar el fervor patriótico entre los emigrantes, nadie mejor que él para conseguir su apoyo, pues gracias a sus gestiones habían podido enviarle a Maceo los 2 mil pesos para emprender la campaña.

En ese sentido, lo que decía Gómez era irrefutable, pues con su elocuencia Martí siempre logró la adhesión de los cubanos en el exilio. Cuando el general Máximo Gómez pidió más dinero, Martí reunió a los emigrados, quienes aportaron 5 mil pesos para la campaña. Obtuvo esa ayuda convenciendo a los trabajadores de Filadelfia, Nueva York, Tampa y Cayo Hueso para que aportaran una cuota de sacrificio por la construcción de una patria libre, empeñando sus pertenencias si era necesario. Fue tan importante la contribución que hicieron los tabacaleros a favor de la causa independentista, que incluso llegaron a aportar el equivalente a un jornal del salario semanal. De modo que la campaña fue el resultado de una ardua tarea realizada por Martí que incluyó viajes por distintas ciudades de los Estados Unidos y Centroamérica, reuniones con los representantes de asociaciones en pro de la causa y con los jefes militares.

A pesar de su empecinada labor, Martí tuvo que hacer frente a las calumnias de quienes lo acusaban de ser sólo un instigador, incapaz de demostrar su valor en el campo de batalla. Después de vivir once años en Nueva York, Martí añoraba la naturaleza tropical y los olores de su infancia. El breve período en el que acompañó a su padre en su destino a la provincia de Matanzas lo acostumbró a la vida rural, a correr por los valles subido en la grupa de su caballo, y de alguna manera asociaba esa vida sencilla a la libertad. En República Dominicana se encontraba a pocos kilómetros de su patria y debía contener la emoción que lo embriagaba. Martí amaba el sonido de la manigua, la exuberante vegetación y los contrastes de la accidentada geografía que padeció en una larga travesía con su familia, rumbo a Honduras, cuando tenía diez años. De modo que se sentía preparado para la campaña de guerra que se abriría paso entre la abrupta geografía de su patria.

La felicidad de dar la vida por sus ideales estaba sin embargo empañada por el sufrimiento que le causó no poder colmar las expectativas de su familia, en especial las de la madre, quien siempre le reprochó esa inquebrantable voluntad de entrega a la causa. Con ella mantuvo una comunicación sincera, aun a riesgo de hacerla sufrir con la verdad: "¿por qué nací de usted, como una vida que ama el sacrificio?", le preguntaba en la última carta que le escribió, poco antes de su muerte. Como único hijo varón, Martí estaba destinado a redimir a los suyos de la pobreza y de la incertidumbre que se cernía sobre ellos. Tenía siete hermanas menores que él y un padre con dificultades para conseguir un empleo estable. Había terminado con honores sus asignaturas de derecho en España, a lo que añadía los estudios de filosofía y letras. Con su inteligencia hubiera podido tener un futuro promisorio en beneficio propio y de los suyos. Pero a los dieciséis años el joven Martí hizo la elección más dolorosa de su vida: trabajar por la libertad de Cuba sacrificando el bienestar de sus seres más queridos.

Y lo había entregado todo en esa lucha por la libertad, a pesar de los fuertes lazos familiares a los que se mantuvo atado hasta el final de sus días. Tampoco olvidó en la campaña a su hijo, que era como una espina clavada en el corazón, ni a sus amigas de la pensión de Nueva York donde se alojó el tiempo que vivió allí y que se convirtieron en su familia: Carmen Miyares y sus hijas Carmita y María. Desde Cabo Haitiano escribió sus impresiones a las niñas, en las que proyectó su amor de padre: "espérame mientras sepas que yo vivo", le decía a María, a quien le aconsejaba que estudiara: "Elévate pensando y trabajando". Desde el frente despachó cartas a conocidos, a amigos, a asociaciones y a los centros donde se agrupaban los exiliados cubanos en Estados Unidos que colaboraban con la independencia de la isla, recordándoles su doctrina. También le escribió a Federico Henríquez de Carvajal, padre de los críticos literarios Pedro y Max Henríquez Ureña, frases reveladoras que resumen su existencia: "Para mí la patria no será nunca triunfo, sino agonía y deber", le decía.

El 25 de marzo 1895 Martí firmó con Máximo Gómez el Manifiesto de Montecristi, en el que explicaba que la revolución de independencia entraba en un nuevo período de guerra, tras un acuerdo entre todos los sectores comprometidos con la emancipación de la patria. Se aclaraba que lo hacían por el bien de Cuba, pero también por el de América y del mundo. El manifiesto estaba guiado por el espíritu generoso y noble de Martí cuando se explicaba que la guerra no debía entenderse como "el insano" triunfo de un bando sobre otro, ni como la "humillación" del grupo equivocado de los cubanos, sino como "demostración solemne de la voluntad de un país".

10 de abril de 1895: Encuentro con los ejércitos revolucionarios en Cuba

Martí deseaba tanto regresar a su patria que la espera en Montecristi parecía interminable. Las costas de Cuba estaban muy vigiladas y era difícil encontrar una goleta que los acercara. Finalmente consiguieron una en la que se embarcarían, junto con Máximo Gómez, el brigadier Francisco Borrero, el coronel Ángel Guerra, César Salas y un negro dominicano llamado Marcos del Rosario. Los otros, Mayía y Collazo, regresaron a los Estados Unidos para seguir cumpliendo con las tareas encomendadas. La tripulación debió sortear la estricta vigilancia del puerto. Las autoridades estaban alerta, a raíz de lo ocurrido en Cayo Hueso. Pero les informaron que la embarcación que contrataron sería registrada. En esas circunstancias era imposible ocultar las armas. Para colmo, el capitán y la tripulación desaparecieron después de haber pactado con ellos el viaje.

La situación llegó a ser muy tensa porque temían ser delatados. Y no les faltaba razón después de lo ocurrido con el Plan Fernandina. Ante el peligro Martí se elevó como un coloso. Recuperó la calma y el control de la situación. Al final, la suerte se puso de su lado y apareció como caído del cielo un vapor alemán, el frutero Nordstrand, que se dirigía a Cabo Haitiano. Martí se puso en contacto con el cónsul de Haití y logró que el capitán los dejara embarcar como pasajeros, después de pagarle mil pesos.

El 10 de abril de 1895 la tripulación salió para Cuba a las 12:45 en unas condiciones de viaje muy severas, a cambio de que los dejaran caer en un bote al pasar por Cuba, cuando el frutero estuviera de regreso. En el barco Martí le escribió a la esposa del general Máximo Gómez una carta en la que le enviaba también un mensaje a la hermana de éste, Clemencia, quien al despedirlo le regaló una cinta azul con una dedicatoria. Ésta, le decía, era su única protección en ese lugar "donde la vida es más débil". No podía olvidarse de ellas, pues lo habían atendido solícitas, y él, que era un hombre de maneras delicadas, no ahorraba detalles a la hora de mostrar su gratitud a las personas que lo apreciaban.

El día 11, en medio de un tremendo aguacero, divisaron las costas de Cuba, cerca de Cajobabo. Martí se quedó sin habla al ver tan cerca el suelo de su patria, después de años de ausencia. No había vuelto desde el 25 de septiembre de 1879, año en que salió preso para España por segunda vez. El capitán se negó a dejarlos en ese mar furioso y los hizo esperar hasta la hora del crepúsculo, cuando los abandonó a su suerte.

Al cabo de unas horas tortuosas, ya en la zona costera, Gómez dio la orden de acercarse a tierra y él mismo cogió el timón, mientras Borrero oteaba y los demás bogaban. Martí, que iba aferrado al remo de proa, avanzaba sin cesar con las manos ampolladas y quemadas por la sal. De repente el mar les arrancó el timón y tuvieron que emplear un remo que hizo sus veces. En semejante oscuridad y en medio de ese aguacero torrencial, perdieron el rumbo. La angustia se apoderó de la tripulación. En aquellos momentos cualquier esfuerzo parecía vano. De repente el aguacero amainó y a lo lejos divisaron una luz. Eran las diez de la noche en el reloj de Máximo Gómez.

Cuando por fin puso un pie en la playa, Martí saltó emocionado a besar la tierra que lo vio nacer. Arriba el cielo tachonado de estrellas le enviaba mensajes de esperanza. ¡Por fin se encontraba en su amada patria! De repente percibieron la presencia de un caserío desde donde les llegaba un olor de leña ardiendo. El canto de un gallo lo confirmó. El 12 de abril se acercaron al caserío donde habitaban guajiros, recelosos al principio, amables y acogedores después. Les ofrecieron café caliente y los pusieron al corriente del lugar en que se encontraban. Se llamaba Cabojal y la playa donde desembarcaron era Playitas. Un guajiro los llevó a un refugio seguro, mientras les llegaba la respuesta al aviso enviado por Gómez a un oficial de la guerra de 1868, que vivía muy cerca.

Martí sentía en aquella tierra algo muy familiar. Se encontraba a sus anchas al lado de estas gentes que no sabían quién era, pero que lo atendían solícitos. Estaba feliz con aquellos cubanos humildes, en los que no había dejado de pensar nunca; ellos constituían en definitiva una parte esencial de los recuerdos de su infancia, eran la familia que había adoptado al abandonar a sus hermanas de sangre, a sus padres, y al no poder fundar un hogar con Carmen, quien lo había abandonado llevándose con ella a su único hijo. Pero esa dicha se veía empañada por temores que no podía ahuyentar, a pesar del ánimo que le infundían las gentes y pese a la fe en el porvenir que guiaba sus pasos.

¿Qué era lo que temía Martí? Que su presencia estorbara al final de la guerra, que los líderes no fueran capaces de superar el egoísmo, ni permitir que el país fuera gobernado, incluso sin ellos. Temía la falta de preparación de los líderes para aceptar los principios democráticos. Sin esa actitud le parecía muy difícil realizar el sueño de una Cuba libre, gobernada mediante un acuerdo de los distintos sectores. Tanto había luchado por esa idea que llevaba cicatrices en el alma. Por su patria dejó familia y hogar, e incluso sacrificó una brillante carrera de escritor y poeta. Por Cuba se desveló escribiendo en los más importantes periódicos de América y de España, artículos en los que defendía la causa independentista. Era tanto su fervor que los amigos españoles lo apodaron con cariño *Cuba llora*. Porque nada más llegar a la metrópoli escribió un conmovedor testimonio de la injusticia vivida en sus carnes y que tituló *El presidio político en Cuba*. De esa manera inició su campaña en favor de la libertad de Cuba. Y era lógico que sintiera la necesidad de morir y ser enterrado en su patria. Morir por Cuba fue entonces un destino asumido por él y estaba preparado para cumplirlo en la campaña.

Martí caminó al lado de Máximo Gómez durante 38 días, cargando sobre los hombros el rifle y el pesado morral, sin doblarse y sin quejarse. Fueron 400 kilómetros, adentrándose en la espesura, entre selva y montaña, durante el día y gran parte de la noche; abriéndose paso en medio del terreno cenagoso, escuchando los rumores del trópico. Además de su rifle, llevaba un machete, un revólver en la cintura, un tubo con mapas. Dentro del morral, que pesaba dos arrobas, llevaba las medicinas, la ropa, la hamaca, la cobija y los libros. Tras la larga travesía encontraron el pequeño campamento compuesto por 50 soldados, armados sólo con machetes. Todos miraban a Martí llenos de curiosidad y él les pasaba el brazo por encima del hombro, llamándolos con afecto "camaradas". Los soldados le trajeron agua con miel, plátano asado y naranjas.

El 14 de abril el horizonte de Martí volvió a cubrirse de sombras. Máximo Gómez se reunió con los jefes, pidiéndole que se apartara. Ese viejo general, curtido en mil batallas, no daba su brazo a torcer. Martí temía que fueran a realizar alguna acción sin contar con él. Pero no fue así. ¡Qué alivio! Se le comunicó que el consejo de jefes aceptaba la propuesta de Gómez de nombrarlo mayor general del Ejército Libertador, además del reconocimiento que ya tenía como delegado del Partido Revolucionario Cubano. Tras reponerse de la emoción que le causó dicha distinción, Martí se sentó a la sombra de un rancho de yaguas. Utilizó como mesa una tabla de palma sobre cuatro arquetas y empezó a escribirle a sus amigos contándoles lo sucedido: "Es muy grande mi felicidad", declaraba, "puedo decir que llegué, al fin, a mi plena naturaleza". Era tan importante para él ser admitido como uno más en la campaña que exclamaba emocionado: "Hasta hoy no me he sentido hombre. He vivido avergonzado y arrastrando la cadena de mi patria toda mi vida".

El 20 de abril se enteraron de que los españoles los estaban persiguiendo. Por otro lado, José Maceo, conocido como el *León de Oriente,* y hermano de Antonio, llegaba a las playas de Cuba con una expedición que se había enfrentado a una guarnición de Baracoa, a la que derrotó, y avanzaba hacia el sur de la isla, adelantándose al grupo de soldados capitaneados por Gómez. Éste y Martí se acercaron con treinta de sus hombres, pero las tropas españolas estaban muy cerca. En los alrededores de Guantánamo se escucharon los primeros disparos. Dos horas más tarde se encontraron con las tropas de José Maceo. Esa noche Martí veló mientras curaba a los heridos con el yodo y el cariño como únicas medicinas contra las enfermedades tropicales.

El 25 de abril continuaron la marcha por un terreno pedregoso y en medio de la maleza. En Filipinas recibieron noticias de Bartolomé Masó, uno de los jefes de Oriente, y de Antonio Maceo, que operaba en la zona de Santiago. Martí se sentía agradecido con la vida que por fin le concedía el privilegio de concretar el sueño acariciado durante tantos años. "Siento en mí algo como la paz de un niño", decía en una de sus cartas. Sólo enturbió ese sentimiento de plenitud la noticia de la muerte de Flor Crombet, que transmitió con entereza a sus compañeros.

Cuando llegaron a Guantánamo le envió una carta a su amiga de Nueva York, Carmen Miyares. En ella le contaba los pormenores de la campaña: que tenía destrozadas las manos, que en la noche curaba a los heridos, luego de los enfrentamientos con las tropas españolas; que no sentía la angustiosa fatiga en el cuerpo, aunque la travesía era extremadamente difícil. Los pedregales les llegaban a la cintura, los ríos hasta los muslos, y a esas dificultades se sumaba el que a veces pasaban el día sin comer y en las noches acampaban bajo la lluvia porque a veces no paraba de llover. Con los pies rotos emprendieron la marcha más al interior de la isla, vadeando ríos, escalando empinadas cuestas, abriendo trocha. En la campaña Martí se desempeñó como guerrillero, enfermero, corresponsal de guerra y vocero ante la prensa internacional, labores que cumplió con fervor y entusiasmo.

El 2 de mayo de 1895 le escribió al director del *New York Herald* una carta en la que le explicaba que Cuba se alzaba en armas con "solemne determinación de muerte", pero no para interrumpir con un patriotismo fanático un proceso de desarrollo que de haber sido otras las condiciones, hubiera podido llevar a buen término en paz y madurez. Los primeros días de mayo consiguió reunirse con los 3 mil hombres de Antonio Maceo en Carahueca. En un secadero de tabaco Martí arengó a los trabajadores, quienes lo aclamaron emocionados. Sus palabras eran un torrente que empujaba a la acción y que lo mostraban como un ser superior. Pero esa superioridad de Martí era de índole moral y de ahí emanaba su autoridad entre los soldados.

El 5 de mayo acamparon todas las fuerzas en la Mejorana, cerca de Santiago de Cuba, un lugar en el que se decidió fatalmente la suerte de Martí. Aquel fue un momento crucial en su vida. Continuaban las tensiones entre los jefes por malos entendidos. Antonio Maceo, celoso de su prestigio y de su rango, interpretó muy mal que se le confiara a Crombet la expedición de Costa Rica. Diferencias aparte, Martí fue nombrado jefe supremo de la revolución, Gómez, general en jefe y Antonio Maceo, jefe de Oriente. Una vez más a Martí se le ordenó regresar a los Estados Unidos para activar las expediciones y reunir más fondos. Pero él se negó. Con firme determinación les comunicó que por nada del mundo se iría de su patria sin haber entrado en combate activo, al menos una o dos veces.

Dada la trayectoria de Martí, era una crueldad por parte de los jefes reducirlo a la condición de promotor y propagandista de la campaña. Pero la medida no era más que la solución a un problema que se había planteado en 1884, cuando Martí le expuso sus diferencias a Máximo Gómez y a Antonio Maceo. En aquel entonces quedó claro que Martí sobraba, y él lo sabía cuando decidió ese viaje a Montecristi que lo llevó de vuelta a su patria.

Por otro lado, el jefe español Martínez Campos esperaba de la metrópoli un refuerzo de 22 mil hombres para batir a los rebeldes. Gómez propuso que se levantara a toda la isla, a pesar de que su estallido había sido sofocado al Occidente. Maceo reanudó sus operaciones en las zonas de Oriente para distraer la atención del enemigo. Gómez y Martí marcharon por el lado opuesto para unirse a las fuerzas de Bartolomé Masó Márquez, un veterano de la lucha independentista desde 1851, desterrado a España como Martí.

Las tropas acamparon cerca del sitio de Dos Ríos, donde el río Contramaestre se une al Cauto y aumenta su caudal. El 16 de mayo Gómez salió a reconocer los alrededores en medio de un aguacero torrencial, mientras Martí se quedó escribiendo. Al día siguiente les comunicaron que una columna enemiga se acercaba por el Camino Real para abastecer un campamento español. Gómez se adelantó con 40 jinetes para tenderles una emboscada. Martí, aquejado por la vieja dolencia inguinal, se quedó en el campamento de La Bija con veinte hombres, muy cerca de Dos Ríos, el sitio donde habría de encontrar la muerte. Permaneció la noche del 18 de mayo a la luz de una vela, consignando en el diario los negros presagios, después de la reunión con los jefes militares en la Mejorana, y escribiéndole a su amigo Manuel Mercado la que sería su última carta, confiándole sus temores. Quería impedir a tiempo que con la independencia de Cuba, los Estados Unidos extendieran su poder sobre Las Antillas y cayeran con más fuerza sobre toda América. La carta quedó interrumpida cuando llegó Bartolomé Masó con sus hombres.

19 de mayo de 1895: La muerte del héroe

La mañana del domingo 19 de mayo Gómez llegó con sus hombres al campamento, cansado de acechar la columna ene-

miga capitaneada por el español Ximénez de Sandoval. Las
fuerzas rebeldes por fin se reunían. Eran 340 jinetes en total y
dos jefes máximos de la revolución. Gómez arengó a la tropa.
Después habló Masó. Por último Martí, quien se adelantó en
su jaca mora. Su recia voz y sus atronadores acentos se adue-
ñaron de los ánimos. La tropa enardecida lo aclamó presidente de la república: "Quiero que conste que por la causa de
Cuba me dejo clavar en la cruz", les dijo. En aquel momento
ignoraban que Ximénez de Sandoval había capturado los men-
sajeros enviados por Martí y Gómez en busca de provisiones.

Animada por los discursos, la tropa salió al encuentro del
enemigo vadeando el caudaloso río. Los hombres se lanzaron a galope con sus machetes sobre una avanzadilla española. Gómez se aseguró de formar sus cuadros. A Martí le ordenó quedarse en la retaguardia con Masó, mientras él y Borrero
iban hacia la izquierda para cerrarle el cerco al enemigo. Inex-
plicablemente Martí desobedeció sus órdenes e invitó al casi
adolescente Ángel de la Guardia a adelantarse con él. Los dos
se lanzaron solos contra la humareda. Al llegar cerca de un
tupido matojal, flanqueado por dos arbustos, los recibió una
descarga cerrada. Ángel de la Guardia cayó herido bajo su
caballo. Al incorporarse vio a Martí tendido a pocos metros
cubierto de sangre. Había recibido heridas en la mandíbula,
en el pecho y en un muslo. El joven soldado trató de cargar-
lo, pero no pudo. Hasta el impacto de esa descarga, los últimos momentos de Martí se tiñen de sombras. Los testimonios en torno a su muerte fueron tan confusos como debió de
ser aquel agitado episodio de la historia de Cuba. Lo cierto es

que el héroe de la independencia sabía que su contribución a la victoria era su sacrificio.

Una versión asegura que aquella noche caía un gran aguacero, que su cuerpo permaneció a la intemperie en poder de las tropas enemigas, abandonado bajo el negro cielo de su patria. Al día siguiente por la tarde fue enterrado en el camposanto del pueblo. Pero Ximénez de Sandoval recibió órdenes de llevarlo a Santiago de Cuba para exhibirlo, despejando así las dudas en torno a su muerte. La noticia se difundió en Cuba, en Florida y en Nueva York, donde los miembros del Partido Revolucionario no la admitieron sino hasta que se les hicieron llegar pruebas. ¿Qué más pruebas que su cadáver? El cuerpo del *Apóstol de la libertad* llegó a Santiago en un pobre ataúd hecho de cajones, el 27 de mayo, y fue enterrado en el nicho 13 del camposanto de Santa Ifigenia. La peregrinación del cadáver del héroe durante siete días, antes de encontrar el reposo definitivo, adquiere tintes de tragedia griega. Como el de Orestes, seudónimo que Martí adoptó al llegar a México, su cadáver no pudo descansar en paz, como tampoco pudo ser velado por sus seres queridos. Los informes periciales que se referían a alguien con la dentadura en perfecto estado, dieron lugar a un largo debate sobre la identificación de su cuerpo, la cual se zanjó muchos años después al contrastar los de su dentista, en los que constaba la extracción de la pieza que le faltaba.

Las tropas españolas se abalanzaron sobre sus pertenencias: el cortaplumas ensangrentado que guardó para sí Ximénez de Sandoval, la cinta azul con la dedicatoria escrita por la hermana de Máximo Gómez, las espuelas que llevaba puestas, la cartera con todas sus notas y fotografías que los hombres se repartieron como recuerdo; las alforjas que conservó el práctico que regresó a España; el reloj de oro y el revólver que acabaron en manos de los generales españoles Marcelino Azcárraga y Arsenio Martínez Campos. Ese mismo día María Mantilla recibió la carta de Martí. Su retrato sobre el corazón era su único escudo contra las balas, le decía.

Parecería que la historia de Cuba se detuviera en ese instante en que le faltó el aliento al más fiel de sus hijos. Es difícil entender que Martí se precipitara contra la columna enemiga, desobedeciendo las órdenes de Máximo Gómez, en un arranque suicida. Las explicaciones del hecho son borrosas e insuficientes y abren muchos más interrogantes. Tal vez sus versos nos permitan escuchar los latidos de su corazón y entender sus angustias y desengaños, el dolor que resume una existencia dividida entre el yugo y la estrella, entre el amor y el deber, entre la felicidad y el sacrificio: "Oh, vida, adiós: quien va a morir, va muerto", decía, con ese tono sombrío que revela en sus versos. Martí amaba a Cuba más que a su vida y se sentía culpable de sus padecimientos, como también se sentía culpable por no haber colmado las expectativas de sus seres más queridos. Sin embargo, su confianza en el porvenir se veía amenazada por los fantasmas de la historia. Una inteligencia tan aguda como la de Martí no podía soslayar el destino trágico de América Latina.

Infancia y adolescencia del héroe

La familia de Martí

José Julián Martí Pérez nació el 28 de enero de 1853 en el seno de una familia de españoles emigrados a Cuba. El padre, don Mariano Martí Navarro, había nacido en 1815 y era natural de Valencia. La madre, doña Leonor Pérez Cabrera, nacida en 1828, procedía de una familia de Canarias. Don Mariano llegó a la isla como militar en 1850 en uno de los batallones que acompañaban al recién nombrado gobernador de Cuba, el general Concha. Al casarse con doña Leonor en 1852 se instaló en una modesta casa donde nació el primogénito, José Julián, al que le siguió una niña llamada también Leonor. El padre pidió entonces la baja del ejército español y fue nombrado celador del barrio del Templete de La Habana. José Julián fue el único varón, al lado de siete hermanas: Mariana, Matilde, María del Carmen (nacida en Valencia, España), María del Pilar, Rita Amelia, Antonia Bruna y Dolores Eustaquia. El padre tuvo varias ocupaciones en la administración colonial, desde sargento de artillería, celador y también capitán de barrio, hasta reconocedor de buques, oficios que corresponden a los de policía. Martí dejó pocos testimonios de su infancia llena de penurias; acaso prefirió mantener en reserva las grandezas y miserias de su vida íntima.

Don Mariano era un hombre de una moral intachable, pero tenía muy mal carácter y esto hizo mucho más difícil la situación familiar. Cuando no lo despedían del trabajo era él mismo quien lo abandonaba en busca de otras oportunidades, ya que la familia crecía y con ella las necesidades. Eso sin duda amargaba a doña Leonor, que no veía la forma de salir de la pobreza. La única esperanza de esta mujer era su hijo José Julián, cuya extraordinaria inteligencia no dejaba de asombrarla. Por desgracia no podían darse el lujo de costearle la educación. Todo lo contrario, necesitaban que empezara a trabajar para que contribuyera con su salario al sostenimiento del hogar. De modo que desde muy pequeño, José Julián llevó dentro de sí el peso de esa gran responsabilidad que tanto dolor le causaría.

Doña Leonor había adelantado algunos estudios, algo no muy corriente en esa época. Esto se aprecia en las cartas que se conservan entre ella y el hijo. Fue la madre quien se empeñó en que recibiera una formación para que pudiera acceder a un mejor empleo, pero sus sueños no iban más allá de ver a José Julián hecho un contable, con un cargo en el comercio. Más de una vez ella se enfrentó a su marido para que le permitiera estudiar a *Pepe,* que era como llamaban familiarmente al niño. Pero la mala suerte parecía caer sobre esta familia que iba de un lado para otro en busca de mejores oportunidades y cada vez se encontraba peor. Los Martí regresaron a España al fallecer el padre de doña Leonor. Se instalaron en Valencia, donde permanecieron desde comienzos de 1857 hasta mediados de 1859 cuando el padre regresó a La Habana. No debió ser fácil para ellos volver a Cuba más pobres de lo que eran cuando se marcharon y con más hijas. El padre retomó su cargo de celador, pero ahora en el barrio de Santa Clara.

Al año siguiente José Julián ingresó en el colegio de San Anacleto, dirigido por el pedagogo don Rafael Sixto Casado, donde conoció al que sería su gran amigo y compañero en sus aspiraciones independentistas, Fermín Valdés Domínguez. Sin embargo, al poco tiempo tuvo que interrumpir sus estudios; el padre fue retirado de su cargo por las quejas que recibía la administración. Parece que don Mariano se exaltaba con facilidad y solía ser muy violento. De modo que debió buscar una nueva ocupación, y en esta oportunidad la encontró fuera de la capital, en Hanábana, provincia de Matanzas, donde tenía que controlar que no se diera el tráfico de esclavos. El pequeño Pepe tuvo que trasladarse con su padre al nuevo destino. Allí le servía de amanuense y ayudaba en las faenas del campo. Pero el trabajo del padre no era nada agradable porque el tráfico continuaba de forma clandestina. El niño tomó conciencia de la crueldad humana y de la indigna situación en la que vivían los negros en Cuba en aquella provincia alejada de la capital. Martí no iba a la escuela, pero llevaba las cuentas y escribía los informes con su perfecta caligrafía. La madre enviaba cartas insistiendo para que el padre le permitiera a Pepe reanudar sus estudios. Éste se encontraba muy a gusto en el campo y no se pronunciaba ni en favor ni en contra de esos planes. Sin duda disfrutaba de ese contacto directo con la naturaleza. En sus cartas se siente la emoción cuando le cuenta a la madre que cuida su caballo y corre con él por los campos.

Cuando volvió a la ciudad con el padre ingresó de nuevo en el colegio de San Anacleto; ya tenía diez años y sorprendía a sus maestros con su inteligencia y conocimientos. A pesar de lo avanzado del año escolar, desbancó en poco tiempo a los mejores de la clase. No por eso Pepe era un niño presuntuoso; todo lo contrario, alegre y generoso con sus compañeros, parecía querer ser perdonado por su talento. Antes de finalizar el año, el padre decidió que su hijo sabía suficiente e insistió en llevárselo de nuevo, sin atender a las razones de la madre. Pese a las constantes interrupciones, Martí reanudaba sus estudios, de modo que a los once años, en 1864, terminó la primaria y continuó el bachillerato, apoyado por la madre y por sus mentores y maestros que solidariamente costearon su educación.

Pero un incidente hizo que don Mariano fuera depuesto una vez más del cargo que ocupaba en Matanzas. Su honradez al interponerse en ese tráfico clandestino lo convirtió en un obstáculo para el comercio que propiciaban algunas autoridades de la isla, ya que a los hacendados les convenía mantener la mano de obra esclava y la metrópoli se lucraba con ese comercio. Otra vez sin trabajo y con más familia, don Mariano y doña Leonor se enfrentaron a la pobreza con desesperación y decidieron probar suerte en otro país. Entonces se trasladaron a Honduras, en un trayecto que dejó una huella imborrable en el niño. En aquel entonces no existían carreteras que unieran a los países y el viaje estuvo lleno de vicisitudes. El muchacho, que tenía un alma de poeta ansiosa de expresarse, vivió con asombro el influjo de la manigua, admiró los caudalosos ríos; palpó la geografía americana que tanto añoró a lo largo de la vida, sorteando las difíciles escaladas por las montañas o descansando en sus llanuras.

No es descabellado el que la madre y el padre pusieran todas sus esperanzas en el único hijo varón, ya que la situación económica, unida a la inestabilidad política de Cuba, los mantenían en constante preocupación. De esos primeros años de su vida Martí recordaría con tristeza la pobreza de su familia, de la que hablaba poco y con muy pocas personas, entre ellas su hermana Amelia. Vemos al padre desesperado buscando seguridades en un momento en el que el sistema colonial, para el que trabajaba, se estaba desmoronando. Esas circunstancias eran en sí mismas poderosas razones para exigirle a su hijo que atendiera a las necesidades de los suyos.

Tras la experiencia en Honduras, que no debió ser muy satisfactoria, regresaron a La Habana. Pepe tenía entonces trece años y se planteaba de nuevo el problema de su educación. El padrino del muchacho puso a los padres en contacto con Rafael María de Mendive (1821-1886), el maestro que lo guió en sus aspiraciones independentistas, en contra de los deseos de los padres.

Al ser detenido Martí en 1869 la familia se hizo pedazos y no fue posible restituir la unión, ya que los padres se vieron forzados a separarse, repartiéndose entre ellos las hijas. Por un tiempo vivieron en México, luego la madre y las hermanas regresaron a Cuba, mientras que el padre se quedó a la espera de un cargo en los ferrocarriles. Desde el 4 de octubre de 1869, cuando el joven fue condenado a presidio, hasta enero de 1875, cuando se encontró de nuevo con los suyos en Veracruz, la familia padeció todo tipo de desgracias, incluido el fallecimiento de Ana, la hermana predilecta de Martí. En 1877 le escribió a su amigo mexicano Manuel Mercado que su familia estaba repartida y que el padre, que ya tenía setenta y dos años, esperaba esa colocación en un "ferrocarril muy poderoso". El padre moriría en 1887, fecha en la que ya habían muerto tres de las hermanas. La madre describe así a las que aún viven: "mi chata romántica (Leonor), mi Carmen digna, mi dolorosa Amelia, mi sagaz Antonia". Y es muy poco lo que se sabe de ellas. Carmen se casó en 1882 y Amelia en 1883.

Se ha escrito mucho sobre el mal carácter del padre, sobre la dureza con la que castigó al hijo para reprimir en él sus inclinaciones independentistas. Pero Martí ofrece un retrato mucho más contrastado de este ser, al que definió como "admirable, honrado y casto". El padre, nos dice, tenía un temperamento duro como una roca y un interior perfumado como una flor. Lo que sí es cierto es que pese a sus ideas y a su elemental educación, acabó comprendiendo las actividades del hijo y dicen que tal vez el injusto castigo que padeció Martí influyó para que cambiara sus ideas. Muy distinta fue la relación con la madre, que lo apoyó en su formación intelectual pero nunca dejó de reprocharle que arriesgara su vida por personas que no lo valoraban ni lo amaban tanto como su familia. Si Martí le rindió cuentas a alguien fue a esta mujer de carácter férreo a la que siempre dijo la verdad, aun a riesgo de causarle dolor.

Doña Leonor cosía por encargo, trabajo con el cual contribuía al sustento del hogar. No tenían otros parientes que los ayudaran a sacar adelante a las siete hijas, y esa fue una de las razones de que vivieran en el más completo aislamiento, sin amigos y casi siempre en humildes casas compartidas. Todo lo contrario del hogar de Rafael María de Mendive, el maestro que acogió a Martí y le ofreció un lugar donde pudo dedicarse a estudiar y donde fue tratado como un hijo más.

Allí conoció a seres excepcionales, que le enseñaron a valorar más a las personas que a los libros, y fue donde aprendió a mirar el mundo desde una perspectiva más amplia y a encontrar soluciones prácticas a los problemas. En casa de De Mendive se hablaba de deberes y derechos, de moral pública y moral doméstica. Allí conoció Martí al filósofo y pedagogo José de la Luz y Caballero, quien le transmitió las altas virtudes cívicas que después puso en práctica. Tomó conciencia desde muy joven de la situación subordinada de los criollos en Cuba y aprendió que como ciudadano tenía el deber de defender la justicia y la dignidad de su pueblo. En ese sentido, las necesidades de su hogar quedaron en un plano distinto, ya que sus horizontes se ampliaron hasta alcanzar dimensiones universales.

Martí se separó de su familia al salir desterrado a España en 1871, y se fue con el dolor de haberles causado un daño irreparable. Presentía que no podría hacerse perdonar de la madre. "Ámame, ámame siempre, madre mía", le decía en una de las cartas que le envió desde el presidio. Vivir en los Estados Unidos, un país frío y hostil para alguien acostumbrado a la cálida existencia tropical, no fue fácil, y mucho menos separado de la madre a quien siempre amó con un amor inmenso. En una de las muchas cartas que le escribió desde su exilio en Nueva York le decía en 1891: "Mucho la necesito; mucho pienso en usted; nunca he pensado tanto en usted; nunca he deseado tanto tenerla aquí. No puede ser. Pobreza. Miedo al frío. Pena del encierro en que la habría de tener. Pena de tenerla y no poderla ver con este trabajo que no acaba hasta las diez y media de la noche".

Pero la madre tampoco hubiera querido trasladarse a Nueva York y así se lo dice en una carta en 1882, cuando se da cuenta de que Martí no piensa abandonar esas ideas libertarias que le impiden regresar a Cuba. El tono es de desencanto, al comprender que su hijo ha decidido instalarse en aquella ciudad. Pero también hay en ella una gran firmeza y claridad cuando le dice que no piensa ir a ese país porque allí la vida no tendría nada de agradable para ella. No faltan los reproches cuando le recuerda los deberes familiares: "(...) porque así creía yo y debía esperarlo, por nuestra triste situación y por las muchas penas que tan pronto empezamos a sufrir, esta protección y amparo que de ti esperaba era porque consideraba que la necesitaban tus hermanas, porque ni la situación de tu padre ni su carácter podrían dársela...". Lo que doña Leonor quería parecía muy sencillo: que el hijo abandonara ese idealismo que iba a causarle muchos problemas, que trabajara para sostener el hogar propio y ayudara a sus padres ancianos y a sus hermanas.

Martí quiso de manera muy especial a su hermana Ana, que murió en 1875 en México, antes de que él regresara de su destierro en España. A ella le dedicó emotivas composiciones. A lo largo de su vida mantuvo correspondencia con Amelia y a través de ella se sabe de las otras hermanas. Amelia se casó en 1887, el mismo año que murió el padre, y aunque su hermano no pudo estar con ella, le envió una carta en donde le expresaba la alegría y la tristeza que le causaban el paso que daba.

Quizás por esas circunstancias familiares Martí no pudo fundar un hogar con la mujer con la que contrajo matrimonio en 1877: Carmen Zayas Bazán, una cubana que conoció cuando vivía en México. Con ella tuvo un hijo, José Francisco, del que se vio dolorosamente separado por los mismos motivos: su dedicación a la causa independentista. Por conspirar contra el gobierno colonial, Martí fue deportado por segunda vez a España en septiembre de 1879. Al instalarse en Nueva York, intentó rehacer el hogar roto, pero ese proyecto de vida se frustró. A Amelia le explicaría en una carta sus sentimientos por las consecuencias que pagaban sus seres queridos, y él se echaba sobre sí todas las culpas: "Hay una especie de asesinado", decía, "y no diré yo quién sea el asesino". A ella le confesaría que nada le había causado tanto sufrimiento como las imágenes dolientes de los padres y de su casa. Era evidente, sus principios morales, así como su sentido del deber cívico, eran incompatibles con sus obligaciones familiares, que de ninguna manera soslayó, pues en cuanto podía enviaba dinero a la madre. El poema "Yugo y estrella" es muy revelador porque en él Martí explica el conflicto entre lo que la madre le pedía: "Éste, es el yugo: quien lo acepta, goza", dice la madre. Acatar su voluntad significaba garantizar el bienestar material. Pero la dignidad para Martí estaba por encima, y prefirió llevar sobre sí una estrella, es decir, el peso de ese deber moral: "Ésta, que alumbra y mata, es una estrella". Sabía que debía llevarla solo y que a los ojos de los demás aparecería como un ciego insensato, un monstruo de egoísmo.

Poco antes de morir le escribió a doña Leonor: "Madre mía: hoy 25 de marzo, en vísperas de un largo viaje, estoy pensado en usted". Muy pocas son las cartas enviadas a la madre que se conservan. Ella las quemó todas, para no empañar su memoria. En un acto de grandeza, prefirió que los reproches quedaran sólo entre los dos. La vida de esta mujer discreta no es muy conocida. Sabemos que vivió en Cuba casi en la pobreza y el anonimato y que sacó poco partido de su condición de madre del apóstol revolucionario. Ella y su hija Amelia llevaron una vida muy austera en la isla. La madre murió en 1907, pero alcanzó a presenciar el horror que tanto temía el hijo. Los Estados Unidos entraron en Cuba e impusieron un gobierno militar. Ella pidió y obtuvo un cargo en la Secretaría de Agricultura, Industria, Comercio y Obras Públicas. Con setenta y un años debía trabajar para ganarse el pan. Amelia, por su parte, pasó sus últimos días en una casita muy pobre que le donó el gobierno de Batista, en la isla, donde murió en 1944.

1862, *el viaje a Matanzas con el padre*

Que un joven como Martí tuviera desde muy temprana edad tanta claridad sobre el sentido del deber y el compromiso con el pueblo, es algo que sorprende. Pero se puede explicar por la educación que recibió de sus maestros, quienes despertaron en él la conciencia social y le hicieron entender el civismo como una práctica diaria. Tiene mucho que ver el momento histórico en el que transcurrió su vida y el entorno que lo obligó a madurar muy pronto. Un brillo singular convierte a Martí en un ser excepcional ayer, hoy y en todos los tiempos: tenía la mirada clara y dulce, la frente alta y ancha, la cabellera negra y rizada. Era de estatura media y de frágil contextura. De trato delicado y maneras elegantes, cautivaba a quienes se le acercaban, de modo que se hacía querer con facilidad. Siendo casi un niño comprendió el influjo nefasto de las pasiones, como el odio que aprendió a dominar para salvaguardar lo más preciado en un ser humano, su amor a la humanidad, su capacidad de entrega y de trabajo, su vocación para dejar de lado el beneficio propio. Martí pensó en todos los cubanos humillados y maltratados por el régimen colonial, antes que en sí mismo, y esa preocupación abarcaba a su familia. Sufrió por las estrecheces económicas que padecieron sus padres y sus hermanas, pero también por la miseria en la que vivían sus compatriotas oprimidos, debido a la arrogancia del régimen, basado en ofensivos privilegios. Martí no ignoró jamás la injusta situación de todos los seres marginados de Latinoamérica, los indios, los negros, los obreros. Sería un error juzgarlo como hijo, hermano, esposo y padre de familia, ya que él más que nadie sufría al tener que renunciar a ese papel por cumplir con otras exigencias, que sentía de una manera profunda y sincera. Valores como la libertad, la justicia y la igualdad, eran para él derechos universales indispensables para la dignidad humana. En él dominaban estos valores sobre las necesidades materiales de las personas, ya que la pobreza no era su mayor preocupación.

En sus escritos resalta una perspectiva que va mucho más allá de las debilidades humanas en las que muchas veces se ve atrapada la historia: odio, ansias de poder y de dominación. Son tantas las cualidades de Martí que uno se pregunta por las circunstancias que lo empujaron a ese final tan doloroso. Es difícil explicar la honda tristeza que empañó la mayor parte de sus versos. Como el hijo mayor de una familia con siete hermanas, el niño recibió el mandato de sus padres de compartir con ellos las responsabilidades del hogar. Se le pedía sacrificar sus deberes cívicos en función de las necesidades de la familia. Pero esta aceptación del deber, tan clara en él, no hubiera podido desarrollarse de no ser por su gran corazón, por el amor a los suyos. Esta sensibilidad despertó en él la conciencia de su patria oprimida por la falta de libertad y la injusticia, y en ello tuvieron mucho que ver sus maestros. Martí recibió de sus maestros y protectores mucho afecto y solidaridad a lo largo de la vida, y fue eso lo que él le entregó a los demás.

La experiencia vivida en Hanábana al lado de su padre, en 1862, marcó definitivamente a Pepe, porque fue justamente en aquella provincia donde vivió de cerca la esclavitud de los negros, como ayudante en las tareas del padre, que velaba contra el tráfico de esclavos según un acuerdo al que había llegado la Corona española con la británica, ya que Inglaterra pretendía con esta medida obstaculizar el proceso de industrialización en la isla. Pero, como ya sabemos, en aquella época la esclavitud persistía en Cuba, mientras el indigno comercio de seres humanos se había abolido prácticamente en toda Latinoamérica. En Colombia, por ejemplo, se le había concedido la libertad a los esclavos en 1851. En Cuba supuestamente se había suspendido el tráfico, pero la esclavitud se mantenía.

El cargo del padre era muy difícil por ese motivo, ya que sus esfuerzos parecían infructuosos mientras siguieran atracando barcos llenos de esclavos. Martí presenció atónito el tratamiento que recibían estas personas al bajar a tierra, donde los vendían y exhibían como animales. La imagen quedó grabada en su memoria y afloró veintiocho años más tarde en sus *Versos sencillos*: "un esclavo muerto,/ colgado a un ceibo de monte". Lo cierto es que la economía de la isla se alimentaba fundamentalmente de la mano de obra esclava que iba directo a las plantaciones de azúcar. Este producto llegó a ser símbolo de identidad cultural. En el ingenio, es decir, en la plantación, se procesaba la caña para sacar el azúcar que luego se exportaba. Dice don Fernando Ortiz en su *Contrapunteo cubano del tabaco y el azúcar* que los hacendados sometían a sus trabajadores a un régimen casi feudal. Estos tenían el trapiche y esclavos, que era como poseer cabezas de ganado que se compraban y vendían. El ingenio fomentaba el señorío basado en una serie de privilegios y en la dominación extranjera que fijaba las normas de ese comercio.

Aquella experiencia en la provincia de Matanzas puso al niño en contacto directo con la naturaleza, tan presente en su poesía y tan ligada a su noción de lo americano. "Ya todo mi

47

cuidado se pone en cuidar mucho mi caballo y engordarlo como un puerco cebón, ahora lo estoy enseñando a caminar enfrentado para que marche bonito", le decía a su madre en una carta enviada el 23 de octubre de 1862. A esa edad ya daba muestras una gran madurez en la forma de dirigirse a la madre, al tratar de evitarle la preocupación por el padre, así como en el interés por sus hermanas menores. Aquella experiencia sólo se prolongó hasta el mes de diciembre cuando el padre, depuesto de aquel empleo, tuvo que buscar nuevas oportunidades en Honduras.

Esa trashumancia de su niñez en busca de soluciones marcaría su trayectoria. De país en país, como activista en defensa de la libertad y la justicia y a favor de la independencia de Cuba, como propagandista de una idea de América, Martí fijó su residencia en Nueva York en 1881, no por motivos personales sino porque el proyecto independentista así lo exigía. España, Guatemala, México, Caracas, Estados Unidos fueron sus lugares eventuales de residencia. De muchos países tuvo que salir por no adular la política de los caudillos o por denunciar la realidad del continente americano, gobernado por señoritos que conocían más la cultura europea que la de sus propios países, o por tiranos para quienes la educación era privilegio de unos pocos.

10 de octubre de 1868: El grito de Yara

El 10 de octubre de 1868 Carlos Manuel de Céspedes se levantó contra el gobierno colonial con un grupo de rebeldes en

Yara, en la parte oriental del país. Como dueño de un ingenio azucarero constituía una honrosa excepción, y por esa misma razón alertó aún más a las autoridades coloniales. En aquella población estallaba el grito de rebeldía que se convertiría en un símbolo de los independentistas. Esa fecha fue gloriosa para los jóvenes de la generación de Martí, que ansiaban la libertad de la patria. La metrópoli entró en pánico y trató de sofocar la revuelta. Agobiada también por los problemas internos, se vio sobrepasada por la situación. No hay que olvidar que España hacía frente a su propia revolución cuando la monarquía se desmoronaba y los liberales pedían a gritos la república. La Corona endurecía las medidas represivas para mantener a la isla dentro de sus dominios. Martí vivió con ardor aquellos momentos que alimentaron los sueños independentistas. Pronto España concedió algunas libertades para aplacar la rebelión en Cuba. Pero lo hizo a medias, ya que la libertad de prensa sólo duró 34 días. Las autoridades españolas se asustaron cuando empezaron a llover periódicos, gacetillas y hojas sueltas que invitaban a luchar por la libertad y la independencia.

En medio de una gran agitación Martí inició su carrera de escritor comprometido con el soneto "10 de octubre", el cual circuló un año más tarde en un periódico clandestino. En él expresaba sus sentimientos de patriota, a raíz del levantamiento de Céspedes: "No es un sueño, es verdad: grito de guerra/ lanza el cubano pueblo, enfurecido;/ el pueblo que tres siglos ha sufrido/ Cuanto de negro la opresión encierra". Gracias a su maestro De Mendive aprendió a ver el mundo desde una perspectiva más amplia y él le enseñó a distinguir la moral pública de la moral doméstica, fundamental en la elección que hizo en su vida. Con él se formó en una nueva religión y vislumbró un orden universal, basado en la justicia. Por eso entendió que era necesario combatir a los tiranos para restablecerlo. A través de De Mendive entró en contacto con un grupo de personas cultas, de espíritu liberal y patriótico. Asistió a las reuniones que se celebraban en la Escuela de Instrucción Primaria, donde conoció a José de la Luz y Caballero, quien le dio las lecciones de civismo que forjaron su espíritu estoico y desinteresado.

Como es natural, por aquel entonces todos hablaban del levantamiento de Céspedes. De Mendive era miembro de la logia masónica que adoptó como ley de vida el lema de la Revolución Francesa: "Libertad, igualdad y fraternidad", principios que el alumno asumió con todas sus consecuencias. Pero la formación de Martí fue mucho más profunda. Su maestro le enseñó las lenguas francesa e inglesa, muy importantes en la tarea de renovación del idioma español completada por los modernistas, a quienes Martí dio las bases de su estética. Conoció a fondo a los clásicos españoles pero aprendió a enriquecer el idioma adoptando nuevos ritmos y sonoridades de otras lenguas. Lo grandioso en él es que tan extraordinario talento no lo hubiera convertido en un ser vanidoso. Las lecciones de humildad recibidas de De la Luz y Caballero influyeron en este aspecto.

Hay que conocer la historia de Cuba de mediados del siglo XIX para entender el pensamiento de Martí. La isla era la última posesión del imperio español. A pesar del aumento de las medidas restrictivas para mantener el dominio, la metrópoli no pudo evitar el influjo de las corrientes liberales del siglo XIX. La colonia vivía momentos de crisis; necesitaba con urgencia una reforma en la educación, la política y el comercio. Pero los intereses económicos egoístas de un grupo de hacendados mantenían un sistema de esclavitud. A la élite no le convenía la independencia de todos los ciudadanos y hacía oídos sordos al comercio de esclavos, que ya era ilegal en 1862 cuando el padre de Martí asumió el cargo de vigilante en la provincia de Matanzas. En la mano de obra esclava descansaba la economía azucarera, manejada por terratenientes dispuestos a vender la patria para enriquecerse. No obstante, Inglaterra presionaba a España para que acabara con ese comercio ilegal. Para colmo, los Estados Unidos de América miraban con codicia hacia la isla con la intención de anexionársela y cerraban los ojos a las conspiraciones de los independentistas, esperando el momento de actuar.

La caña de azúcar, transplantada a América por Colón, y el tabaco, propio de la tierra americana, han sido y son los productos típicos de la isla. La explotación de estos productos dio lugar a una economía y, por tanto, a un sistema de vida que se convirtió en un rasgo de identidad de la nacionalidad cubana. Cada uno de estos productos acabó sintetizando dos tradiciones y dos actitudes vitales. Del lado del azúcar se encontraba la aristocracia metropolitana y peninsular, dueña de los ingenios, de la producción y exportación del producto. Como dice Fernando Ortiz, desde el siglo XVI toda la historia de Cuba se tejió alrededor de la producción azucarera, que impuso el predominio de unos intereses muy lucrativos y lejanos, sobre los intereses nacionales de Cuba. Todo lo contrario ocurrió con la producción tabacalera, ya que el tabaco permitió el desarrollo de pequeños artesanos, entre los que surgieron los mambí, como acabó denominándose a todo aquel que estaba a favor de la independencia de la isla.

El tabaco se empezó a cultivar junto a los bohíos de los indios y los conucos de los negros. Los marineros eran quienes lo llevaban al extranjero y lo hacían en pequeñas cantidades. En los ingenios los trabajadores, en su mayoría negros, vivían recluidos en barrancones, vigilados por mercenarios y soldados, lo que hacía muy difícil que se rebelaran de forma organizada. En cambio, los productores de tabaco lucharon contra los abusos de la producción, contra los elevados impuestos, e incluso lograron quedarse con el diez por ciento de las hojas que recibían para elaborar los habanos. Sin embargo, hubo muchas rebeliones de negros a lo largo de la historia e incluso suicidios colectivos. Esta era una forma más de protestar contra los abusos, muy extendida entre los oprimidos. Los negros rebeldes, o cimarrones que se fugaban, se establecían en palenques. La única salida que encontraron muchos trabajadores negros y también blancos, fue emigrar a los Estados Unidos y emplearse allí en las fábricas de tabaco. Ellos formaron ese colectivo que después tuvo una importancia decisiva en la independencia de Cuba. En el siglo XIX hubo constantes migraciones de trabajadores antiesclavistas e independentistas cubanos a Cayo Hueso en Florida. Gracias a ellos, Martí consiguió esa importante ayuda económica que condujo a la campaña de guerra iniciada en 1895 y mantenerla hasta obtener la independencia de España en 1898.

Cuba vivía en una doble esclavitud, ya que a la dominación española se sumaba la de los propietarios de los ingenios azucareros. Pero ese problema no era sólo de Cuba, como pudo comprobar Martí en sus viajes por los distintos países latinoamericanos, donde se sometía a la población indígena y negra a la pobreza y a la ignorancia. Con sus discursos despertó la conciencia de los trabajadores, pero huyó de la retórica, y lo hizo llevando a la práctica su humanismo. En los países de América que visitó encontró tanta injusticia que su sentido de la lucha extendió sus horizontes a lo largo y ancho del continente. En realidad, sus ideas se concretaron en una constante actividad cuyo objetivo final eran la justicia, la libertad y la igualdad. Pero él sabía que el enemigo también podía esconderse en la mente de los que decían luchar por la libertad.

Con el injusto sistema esclavista vigente Martí comprendió el grave problema racial de Cuba. En sus escritos señaló con acierto el peligro que representaban tanto el blanco que se cree superior, como el negro que proclama su raza. Desde ese punto de vista defendió la unión de todos los sectores sociales en torno al sentimiento de "cubanidad". Creía que si los ciudadanos se sentían unidos por pertenecer a una patria común, ya no tendrían cabida el odio, ni el rencor ni el afán de venganza, ni mucho menos las ambiciones personales.

Por sus ideales Martí sacrificó familia, fortuna, seguridad y gloria literaria. La patria lo era todo para él. Como para su modelo, el filósofo y pedagogo José de la Luz y Caballero, la tarea de forjar hombres y despertar la conciencia entre sus hermanos se impuso sobre la de crear versos. Muy pocos personajes de la historia latinoamericana fueron tan nobles y generosos. Él supo unir a su extraordinaria inteligencia la bondad, la voluntad, la disciplina y el espíritu de sacrificio, virtudes que, junto con su conocimiento profundo de las realidades económicas y sociales de América, hacían de él un espíritu superior.

¡Me viene a buscar mi madre!

Martí era un adolescente de quince años cuando unió su voz a la protesta que estalló en el teatro Villanueva. El caso es que se representaba una obra dramática cuyo protagonista se llamaba como el rebelde que había encendido el espíritu libertario: Carlos Manuel. Al finalizar la obra, el público se levantó dando gritos de ¡Viva! al actor Carlos Manuel y aquello fue como si se prendiera una mecha, como si una multitud enardecida estuviera dispuesta a lanzarse a las calles a exigir el derecho a la libertad. Las autoridades coloniales enviaron las tropas españolas al teatro para aplacar la protesta. La madre de Martí, angustiada por la suerte del hijo, se dirigió enseguida a la casa del maestro para asegurarse de que el muchacho se encontraba bien. Martí inmortalizará esos momentos en los que ella cruza a través de las balas para buscarlo: "No hay bala que no taladre/ El portón: y la mujer/ Que llama, me ha dado el ser:/ Me viene a buscar mi madre".

En el poema "Abdala" se aprecia la devoción que le inspiraba la madre y lo importante que fue para él explicarle sus razones: "El amor, madre, a la patria/ no es amor ridículo a la tierra,/ ni a la yerba que pisan nuestras plantas:/ es el odio invencible a quien la oprime,/ es el rencor eterno a quien la ataca". Cuando don Mariano leyó ese poema le propinó una tremenda paliza. Sin lugar a dudas presentía la desgracia que podría caer sobre él, si el escrito llegaba a las manos de las autoridades coloniales. Además, don Mariano trabajaba entonces como policía en Guanabacoa y consideraba una traición las actividades del hijo.

Martí supo ver, más allá del miedo del padre, la grandeza de su alma, y jamás le guardó rencor, todo lo contrario, siempre mostró una gratitud por ese hombre bondadoso del que decía haber heredado la honestidad. En una carta a su maestro Rafael de Mendive le contaba que trabajaba de seis de la mañana a ocho de la noche, que con ello se ganaba cuatro onzas y media que sagradamente le entregaba, a pesar de que éste lo maltrataba tanto que incluso llegó a sentir deseos de quitarse la vida. Con el tiempo, ese dolor se transformó en una comprensión infinita de las circunstancias que empujaban a su progenitor. Don Mariano estaba dividido entre sus deberes como ciudadano al servicio de la metrópoli y la conciencia que más tarde tuvo de las arbitrariedades del régimen.

En Martí el amor a la patria era también al padre, a la madre y al hijo, incapaces de comprender la grandeza de su alma. Enternecen las exigencias de sus padres que padecieron tantas privaciones y cuyos valores no iban más allá de su difícil existencia cotidiana. La familia se aferró a su único hijo varón como a una tabla de salvación. Martí les falló al atender al llamado de la patria, que exigía un sacrificio. En él la moral pública se había impuesto sobre la moral doméstica, y sus padres no podían entenderlo. Martí sintió con más fuerza el reclamo que le hicieron otros hijos, los cubanos que sufrían y que adoptó como a esa otra familia que esperaba ser liberada por él. Por protestar ante la injusticia se vio separado de los suyos cuando el régimen colonial se cebó en él, condenándolo a seis años de presidio en las canteras. Fue un duro golpe para la familia perder así al primogénito.

Desde temprana edad el joven tuvo que elegir entre atender las necesidades de los suyos, empleándose como dependiente en una tienda acatando la voluntad del padre, o seguir las enseñanzas de sus maestros que lo hicieron tomar conciencia de su pertenencia al pueblo cubano y de la opresión en que vivían sus compatriotas, víctimas del dominio español. Por eso, la figura más importante en la vida de Martí, aparte de la madre, fue el maestro Rafael María de Mendive. Éste supo despertar en el discípulo un inquebrantable sentido del deber moral que lo empujaría a luchar por la libertad hasta la muerte.

Martí fue un hombre bondadoso, honesto, sencillo y generoso que supo tomar distancia de los hechos para entenderlos mejor. Se hizo hombre encadenado, como los esclavos que vio desembarcar en su infancia cuando su padre trabajaba de vigilante en el puerto. Esas escenas de crueldad que tanto lo impresionaron, volvió a presenciarlas en las canteras, donde los negros, por su condición, eran torturados con la mayor brutalidad. Antes que resentimiento, fue el dolor lo que hizo crecer en él un espíritu de sacrificio que empujó las acciones de su vida. Padeció el injusto castigo sin quejarse y salió fortalecido moralmente. Primero porque entendió hasta dónde podía llegar la injusticia y segundo porque aprendió a amar y comprender a sus hermanos. Al verlo en el presidio, el padre que había sido severo hasta la crueldad, movió cielo y tierra para liberarlo de semejante tortura. Martí comprendió que esa dureza se debía al temor de don Mariano a que se desviara por un camino que iba a acarrearle desgracias, como efectivamente ocurrió. Al verlo arrodillado y anegado por el llanto, curándole las heridas que el hierro le dejaba en los tobillos, Martí sintió que amaba a su padre desde lo más profundo de su corazón.

Pero antes de entrar en presidio, la vida de Martí no era igual a la de los jóvenes cubanos de su tiempo, como la de los hermanos Valdés que pertenecían a una familia acomodada. La pobreza de su familia lo limitaba hasta extremos inimaginables. Sin embargo, siempre encontró figuras tutelares que lo arroparon. La primera persona que valoró su talento fue el padrino, Francisco Arazoza, quien se ofreció a costearle los estudios primarios en el colegio de San Anacleto; y la segunda, Rafael María de Mendive, quien le patrocinó el ingreso en su escuela, sirviéndole de fiador. La sensibilidad del maestro le permitió apreciar el extraordinario talento del discípulo que enseguida traducía a los ingleses, aprendía francés, adquiría conciencia de las posibilidades expresivas de la lengua castellana y componía versos, además de dibujar admirablemente y de interesarse por el teatro. En el año de 1868 se oyó el grito de independencia en sitio de Yara, con el levantamiento de Carlos Manuel de Céspedes, un hacendado rebelde. Martí estaba empleado en una tienda y le entregaba el producto de su trabajo al padre, mientras avanzaba en sus estudios.

Al colegio que dirigía Rafael María de Mendive asistían españoles e hijos de españoles. Los muchachos estaban divididos por su amor a Cuba o su adhesión al régimen colonial. José Martí vio florecer su sentimiento de "cubanidad" en aquel ambiente, marcado por los enfrentamientos entre los defensores del régimen colonial y los partidarios de la independencia. Y es que la injusticia era evidente. Los españoles ocupaban los cargos privilegiados, mientras los criollos nacidos en la isla carecían de muchas libertades.

En el colegio San Pablo eran notorias las diferencias entre los hijos de los funcionarios españoles, que se apodaban *gorriones* y eran sumamente presumidos y prepotentes, a pesar de ser una minoría, y los jóvenes criollos, entre los que empezaba a brotar un sentimiento de cubanidad. Éstos eran apodados despectivamente *birijitas,* pequeña ave perteneciente a la fauna cubana.

El muchacho se instaló en la casa de su maestro, que no tenía una situación económica holgada pero, en cambio, era de una generosidad muy grande, siempre dispuesto a empeñar sus pertenencias para ayudar a una persona en apuros. Los padres espirituales de Martí le enseñaron con el ejemplo, y eso fue muy importante en la formación de su carácter.

El maestro

Martí ingresó en marzo de 1865 en la Escuela de Instrucción Primaria Superior Municipal de Varones dirigida por Rafael María de Mendive. La escuela funcionaba en la calle Prado, número 88, en La Habana, en el mismo lugar donde quedaba la vivienda de don Rafael. En aquella institución y en un ambiente muy familiar, el aventajado alumno devoraba los libros de la biblioteca, mientras se atrevía a traducir versos del inglés, sorprendiendo con su excepcional habilidad. Allí encontró la paz y el sosiego imposibles en su hogar atribulado por la pobreza. Con De Mendive aprendió a conocer y a admirar a las grandes personalidades tanto clásicas como americanas. A los trece años ya había leído la mitad de la biblioteca de su maestro.

De Mendive se había formado en las ideas de José de la Luz y Caballero (1800-1862), un eminente filósofo y pedagogo que influyó en varias generaciones de librepensadores en la isla. De la Luz y Caballero fue uno de esos espíritus cultivados, vinculados a la logia masónica, que colaboró con la causa independentista. De esos seres ejemplares Martí aprendió principios como éste: "Vivir en libertad, venerar lo que es divino en el hombre y en la naturaleza y reconocer en la belleza un reflejo de la eterna perfección".

Fue tanto el respeto y la admiración que Martí sintió por De la Luz y Caballero, al que conoció cuando ya era muy anciano, que llegó a decir en un artículo escrito en 1894: "Amo la vida porque me fue permitido conocerlo". Martí sacrificó la gloria literaria porque prefirió formar hombres antes que escribir libros, como De la Luz y Caballero y, también como él, renunció a la fortuna que tanto necesitaba su familia. En cambio, con De Mendive aprendió la rebeldía, ya que éste distaba mucho del espíritu conciliador de De la Luz y Caballero. Para De Mendive, concretar sus ideales implicaba muchas veces indignarse contra el despotismo. Liberal y masón, De Mendive fue deportado a España para luego acabar en Nueva York, ciudad donde se refugiaban quienes no estaban de acuerdo con el régimen colonial en Cuba. Allí también se exiliaron el padre Félix Varela (1787-1853), el primero que proclamó la independencia de Cuba, y el poeta romántico José María Heredia, que cantaría en su destierro: "Cuba, Cuba, que vida me diste/ dulce tierra de luz y de hermosura". De Mendive, como la mayoría de los intelectuales liberales de su generación, apoyaba la independencia de la isla. A esa causa dedicaba versos y escritos, que circulaban de forma clandestina. Natural de La Habana, en su juventud realizó algunos viajes por Europa. Luego pasó por los Estados Unidos, de donde regresó a la isla para dirigir el colegio San Luis Gonzaga.

A pesar de su estrella, la fatalidad casi siempre conspiraba en contra del elevado destino que aguardaba a Martí. Las penalidades de la familia fueron el mayor obstáculo, pero también la intervención de delatores y la crueldad del régimen colonial. Contra esas fuerzas oscuras combatían la bondad de seres como Rafael María de Medive, que le rogó a la familia que lo dejara asumir los costes de la educación de Pepe hasta finalizar el bachillerato, mientras trabajaba en las tardes como dependiente. Con esa contribución al sustento del hogar, el padre aceptó. Martí siempre supo sacar partido de la adversidad y multiplicar en esfuerzo, atención y provecho las oportunidades que se le presentaban. No sólo le servía como recadero a su maestro, sino que se hizo amigo de un peluquero que trabajaba para una compañía de cómicos. Le llevaba a éstos pelucas y cosméticos de parte del peluquero. Así entró en contacto con el teatro, una de sus pasiones, a la que pudo entregarse en su juventud en España donde escribió una obra dramática, *La adúltera*, que no fue la única, porque también hizo una en México, *Amor con amor se paga* y otra por encargo del gobierno de Guatemala: *Patria y libertad*.

Martí aprobó satisfactoriamente el bachillerato y además sacó tiempo para dedicarse al teatro y hacer sus traducciones de Byron y Shakespeare. La única foto de la época lo muestra con una medalla, posiblemente la que obtuvo por su desarrollo de temas de retórica, gramática y latín. El discípulo alternaba su oficio de amanuense con el de poeta. El maestro, a su vez, corregía sus versos, puliendo su estilo. De esa forma se libraba de la disciplina del padre que quería apartarlo de la poesía y orientarlo hacia una carrera práctica con la que pudiera colocarse en algún oficio.

Autor de sonetos románticos, Rafael María de Mendive no pasó a la historia de la literatura cubana como poeta, aunque adquirió cierta fama internacional con sus versos: "Si aún tienes corazón, espera, y lucha/ por derrocar el tenebroso imperio/ de la duda que oprime tu existencia". Publicó en revistas internacionalmente conocidas, y años más tarde en Madrid coincidió con su discípulo durante el destierro de ambos, por sus actividades en pro de la independencia.

El maestro ayudó a formar la conciencia de sus alumnos de la Escuela Municipal de Varones de La Habana y además les transmitió su pasión poética. Al referirse a él en un artículo publicado en el periódico *El Porvenir* de Nueva York, en 1891, Martí lo describía como un hombre enamorado de la belleza, que la buscaba en las letras como en todas las cosas de la vida y que sólo escribió sobre las verdades de su corazón y sobre las penas de su patria. De Mendive luchó por la libertad imprimiendo en hojas sueltas sonetos y sátiras que circulaban de forma clandestina. Fundó varias revistas, entre ellas la *Revista de La Habana*. Cuenta Martí que su maestro llegó incluso a empeñar sus posesiones, como hizo con su reloj, para ayudar a un poeta necesitado, gesto que sus discípulos agradecieron regalándole entre todos un reloj que le entregaron llorando. Martí tuvo en realidad dos padres, el natural y el espiritual, que fue De Mendive. Por su sensibilidad y altas aspiraciones es comprensible que se viera en la necesidad de buscar afecto y estímulos intelectuales fuera de la casa paterna.

Rafael María de Mendive fue detenido como sospechoso de haber instigado los sucesos ocurridos en el teatro Villanueva y desterrado a España tras un consejo de guerra. A pesar de la fama que alcanzó en Madrid, jamás sacrificó su fe patriótica. Fue un ejemplo de vida y un ideal humano al que Martí se mantuvo fiel. Él le abrió nuevos horizontes que le permitieron acceder a otras formas de entender el mundo, de modo que cuando Martí llegó a España pudo asimilar con gran facilidad los conocimientos adquiridos. De él aprendió a sacrificar la vanidad y a cultivar esa generosa disposición para trabajar por el bien público. Asimismo fue para José Martí un ejemplo José de la Luz y Caballero, que se propuso convertir un pueblo educado para ser esclavo, en un pueblo de héroes trabajadores y de hombres libres. Martí pudo ser un abogado brillante, con una carrera promisoria. Sin embargo, prefirió servir de abogado de los pobres. Ese mismo espíritu de sacrificio que no esperaba ninguna recompensa, lo recibió de sus más importantes protectores y maestros.

Cortesía de Álvaro Castillo Granados y San Librario–Libros viejos, nuevos y raros

En 1860 su padre lo matriculó en el colegio San Anacleto de La Habana.
Aquí aparece con la medalla que obtuvo como premio a su aplicación.

Cortesía de Álvaro Castillo Granados y San Librario–Libros viejos, nuevos y raros

Martí se separó de su familia al salir desterrado a España en 1871. En Madrid, no obstante, continuó sus trabajos por la libertad de Cuba en compañía de amigos como Eusebio y Fermín Valdés Domínguez (sentado).

Cortesía de Álvaro Castillo Granados y San Librario–Libros viejos, nuevos y raros

1875. En México, donde inició su carrera de periodista y contrajo matrimonio con Carmen Zayas Bazán. Dos años más tarde se iría del país por el golpe militar de Porfirio Díaz.

Cortesía de Álvaro Castillo Granados y San Librario-Libros viejos, nuevos y raros

En Nueva York, ciudad a la que llegó en 1880, Martí trabajó haciendo traducciones y escribiendo artículos para La Opinión Nacional *de Caracas y* La Nación *de Buenos Aires. En la foto aparece en compañía de su hijo José Francisco.*

Cortesía de Álvaro Castillo Granados y San Librario–Libros viejos, nuevos y raros

1885. En el año de esta foto, hecha en Brooklyn, Martí regresó a Cuba luego de una larga temporada en Estados Unidos y publicó la novela Amistad funesta.

Cortesía de Álvaro Castillo Granados y San Librario–Libros viejos, nuevos y raros

Cortesía de Álvaro Castillo Granados y San Librario–Libros viejos, nuevos y raros

Páginas anteriores
1893. En Sandy Hill, cerca de Saratoga Springs, en el estado de Nueva York.
La foto fue tomada en la residencia veraniega del pintor venezolano Juan Peoli, casado
con Antonia Alfonso, sentada junto a Martí.

Arriba
1895. Última fotografía de Martí. En ella se le ve con Manuelito Mantilla,
el hijo de Carmen Miyares, poco antes de embarcar hacia Santo Domingo para ir
después a la guerra de Cuba.

El sacrifico del héroe

4 de octubre, el presidio

El 4 de octubre de 1869 una nube negra enturbió el horizonte de Martí. Por esas circunstancias del azar que inesperadamente desencadenan tragedias, se vio envuelto en una conspiración sin estar presente en el lugar donde ocurrieron los hechos. Esa noche el domicilio de su amigo Fermín Valdés Domínguez fue registrado minuciosamente por la escuadra de voluntarios del gobierno colonial. Al parecer, unas horas antes, frente a la casa de los Valdés, hubo ofensas y burlas entre aquellos y el grupo de amigos de Fermín y su hermano. Como represalia, se hizo el registro de la vivienda y los hermanos fueron detenidos y trasladados a la Cárcel Nacional con sus amigos, de quienes se sospechaba que participaban en la insurrección. Durante el registro del domicilio de la familia Valdés se encontraron unos documentos que comprometían a Martí. Una carta escrita a un condiscípulo, firmada por él y por Fermín, motivó la detención. El destinatario era Carlos de Castro y de Castro a quien ellos condenaban por su adhesión al régimen colonial. Los jóvenes consideraban que era una vergüenza, por cuanto se trataba de un alumno de De Mendive.

La carta era una invitación para que otros jóvenes desertaran del ejército español. La policía acusó a los firmantes de enemigos de España y arrestó a Martí, quien declaró ser el único autor de dicha carta. A pesar de lo mucho que intercedió el padre para que las autoridades fueran indulgentes, el castigó que recibió fue excesivamente severo. Se le hizo un consejo de guerra y se dictó sentencia el 4 de marzo de 1870. Fue condenado a seis años de trabajos forzados en las canteras de San Lázaro. En cambio, a sus compañeros los pusieron en libertad poco después.

Conmueve la foto que lo muestra vestido de presidiario con el grillete en el tobillo derecho, atado con una cadena a la cintura. La foto fue enviada a su madre el 28 de agosto con una dedicatoria: "Mírame, madre, y por tu amor no llores:/ Si esclavo de mi edad y mis doctrinas,/ Un mártir corazón llené de espinas,/ Piensa que nacen entre espinas flores".

El trabajo de los presos, que consistía en cavar y desmenuzar y trasladar las piedras de las canteras hasta lo alto del horno, era tan cruel e inhumano que quizás sólo pueda describirse con estas palabras del biógrafo de Martí, Jorge Mañach: "Al trepar los montículos, la cal viva les mordía los pies y el polvillo blanquecino les quemaba el resuello". De aquella experiencia le quedaron como secuelas una irritación en los ojos que lo martirizó en sus largas horas de trabajo —él, que pasó la mayor parte de su vida leyendo, escribiendo, corrigiendo pruebas y armando periódicos y revistas—, y una dolencia inguinal que lo aquejó en los momentos más difíciles de su vida. En sus visitas al hijo, don Mariano, quebrado por el dolor y la impotencia, se inclinaba para ponerle en los tobillos unas almohadillas hechas por la madre, para amortiguar las rozaduras del hierro. Pese a los sufrimientos, el joven tuvo tiempo de pensar en otros y de detenerse a ayudar a los presos que caían reventados por el peso de las piedras. Allí conoció la historia del viejo Nicolás Castillo, a quien torturaban con saña por ser considerado el brigadier de los insurrectos. Martí no olvidaría jamás a ese viejo, ni al niño Lino Figueredo, preso político desde los doce años, que murió víctima de los malos tratos y las enfermedades. A ellos y a todas las víctimas de la represión los inmortalizaría en los artículos que escribió para denunciar las atrocidades cometidas por las autoridades coloniales, durante su primera estancia en España.

La bondad y generosidad que definen a Martí se leen entrelíneas en la carta enviada a la madre desde el presidio, el 10 de noviembre de 1869:

> Estoy preso, y esta es una verdad de perogrullo, pero nada me hace falta, si no es de cuando en cuando 2 o 3 reales, para tomar un café; pero hoy es la primera vez que me sucede. Sin embargo, cuando se pasa uno sin ver a la familia ni a ninguno de los que quiere, bien puede pasar un día sin tomar un café. Papá me dio 5 o 6 rs. el lunes. Di 2 o 3 de limosna y presté 2.

La madre le pedía que pensara un poco más en él y en los suyos. Martí siempre defendió sus convicciones con gran delicadeza, aunque con una sinceridad dolorosa. Y en una carta a De Mendive le explicaba que en el presidio había aprendido a sufrir y a sentir la fuerza para ser verdaderamente hombre, gracias a las enseñanzas que había recibido de él.

El padre hizo cuantas gestiones fueron necesarias para liberarlo, hasta que obtuvo la ayuda del dueño de las canteras. Se trataba de un catalán llamado José María Sardá, quien consiguió que fuera trasladado a la isla de Pinos mientras se consideraba su deportación a España.

Martí sin duda se debatió entre la gratitud y el rencor hacia el dueño de las canteras. Sardá era el beneficiario de aquel infierno blanco con el que sostenía su patrimonio. Su fortuna crecía a costa de la crueldad, los sufrimientos y la muerte atroz de niños, ancianos y enfermos. El muchacho pasó allí seis meses de vida que le dejaron heridas en el alma y quebrantos de salud; al término de este tiempo se le conmutó la pena por el destierro a España. En Madrid cayó enfermó y tuvo que hacerse operar de la lesión inguinal, producida por el roce de la cadena.

Pero si el dolor no se transformó en resentimiento, tampoco llegó a ser resignación. Los sufrimientos pusieron a prueba sus convicciones y lo ayudaron a mantener firmes sus principios, por encima de sus propios intereses. Cuando el padre lo visitó en el presidio de San Lázaro, todo fue muestras de cariño, solidaridad y comprensión. Don Mariano aprendió a respetar el sacrificio. Pese a sus angustias económicas, la familia se mantuvo firme en su apoyo al hijo. Cuando le cambiaron la pena por el destierro, juntaron sus ahorros y se los entregaron para que en España pudiera mantenerse y costearse los estudios.

15 de enero de 1871: el destierro

El 15 de enero de 1871 José Martí se embarcó en La Habana rumbo a Cádiz en el vapor *Guipúzcoa*. Cuando llegó a la patria de sus padres, donde había transcurrido una breve parte de su infancia, pudo darse cuenta de que el país había sufrido una revolución insólita. El año de 1868, que fue glorioso para la isla de Cuba, también lo fue para los liberales españoles, defensores de la libertad y la justicia. En el mes de septiembre estallaría la revolución liberal que desalojó a Isabel II del trono y daría lugar a la Primera República española. Por fin, después de tantos años de oscurantismo católico, los estudiantes de las universidades salían a las calles a pedir libertad de expresión, de culto, justicia e igualdad de derechos. En 1871, cuando José Martí llegó a Madrid, reinaba Amadeo I, un rey importado de Italia. Allí lo auxilió su amigo cubano Carlos Sauvalle, desterrado a raíz del suceso del teatro Villanueva. Una vez madurada su experiencia del presidio y tras una enfermedad, decidió escribir un folleto de 50 páginas: *Presidio político en Cuba,* que publicó con el dinero que le dio su padre.

El folleto se distribuyó entre la comunidad de cubanos en Madrid, e iba dirigido a la intelectualidad liberal española. En él enumeraba, sin ahorrar detalles, los horrores padecidos: "Ninguna pluma que se inspire en el bien, puede pintar en todo su horror el frenesí del mal. Todo tiene su término en la monotonía. Hasta el crimen es monótono, que monótono se ha hecho ya el crimen del horrendo cementerio de San

Lázaro". El testimonio de Martí llegó a los periódicos, a los republicanos, a Cánovas del Castillo —que tan crueles medidas tomó para sofocar las ansias de libertad de los cubanos—, al Ministerio de Ultramar, donde se leía y se guardaba el documento, haciendo oídos sordos al clamor de los colonos. En cambio, entre los expatriados cubanos la respuesta fue inmediata. Muchos se acercaron a abrazar a Martí, entre ellos Calixto Bernal, un viejo camagüeyano animador de los compatriotas, que en Madrid defendía la dignidad de Cuba.

Sin embargo, los republicanos del periódico *El Jurado Federal*, en Madrid, tomaron nota del nombre de ese cubano que ya destacaba por su inteligencia y lo conquistaron para la masonería. Martí se sumó a la logia Armonía y aportó a ella sus disertaciones románticas sobre la justicia y el amor universal. Claro que sus encendidos reclamos de independencia para la isla no eran permitidos en su totalidad por los estatutos de la logia, pero Martí lograba conmoverlos con sus aspiraciones universales y de ellos obtenía apoyo para algún compatriota necesitado o en presidio, ya que los había en Ceuta pasando penalidades. También lo apoyaron en su campaña en pro de la abolición de la esclavitud, que en esos años se debatía en las cortes.

Martí se matriculó en derecho para conocer los instrumentos legales que podrían conducir a la independencia y a la libertad. Luego pidió traslado a Zaragoza, donde además se examinó en las asignaturas de filosofía y letras. Sus conocimientos de derecho le permitieron darse cuenta de que muchas veces la legalidad conduce a un callejón sin salida. Entonces comprendió que no existía otra alternativa para Cuba que la ilegalidad, es decir, la lucha armada.

Aparte de su activismo político y de su entera disposición al estudio, Martí difícilmente se perdía una función de Teatro en Madrid. Animado por el ambiente, escribió un drama donde aspiraba a encarnar a los hombres "que deberían ser". Y es que según cuenta, en la capital española se vivía "estrecha vida científica", pero en cambio abundante y "buena vida literaria". Sin embargo entraban las corrientes alemanas y francesas como el positivismo, escuela de pensamiento que defendía el método científico para entender y resolver los problemas de la sociedad. Esto provocó un enfrentamiento con la Iglesia, que miraba con desconfianza y temor a los intelectuales que cuestionaban su poder.

Amante de la pintura, que conocía a fondo debido a sus estudios de dibujo y a su conocimiento del arte, Martí pasaba los domingos en el Museo del Prado. Allí se dejaba llevar por el dramatismo de la pintura de Goya y tomaba notas que después volcó en admirables artículos. De esa forma se iba ejercitando en la crítica sobre los artistas españoles, cuya obra difundiría años más tarde en los Estados Unidos. Por la noche daba clases gratis en la escuela de niños pobres, que financiaba la logia, a quienes les llevaba libros y contaba cuentos. Martí se mantuvo con colaboraciones en periódicos de Madrid y Cádiz y dando clases de inglés, gracias a la ayuda de una dama acomodada, Bárbara Echavarría, que solía reunir a los compatriotas en su casa. Ella estaba relacionada con gente muy influyente, entre la que crecía la fama de Martí, ya que los pupilos a su cargo progresaban de manera asombrosa.

Martí le escribió desde Madrid a Néstor Ponce de León, miembro de la Junta Revolucionaria Cubana de Nueva York. En esa ciudad se recaudaban fondos para ayudar a los cubanos necesitados y se avivaba entre los exiliados el espíritu revolucionario. Apelando al ideario republicano que empezaba a dar sus frutos en España, dialogó con personalidades e intelectuales. Centró todos sus esfuerzos en hacerles entender que los principios republicanos implicaban también un reconocimiento del derecho a la independencia del pueblo cubano, en cuanto era la unánime voluntad de quienes se sentían cubanos. Para él fue una dolorosa lección constatar que muchos de los males en la política de la isla tenían que ver directamente con los vicios en la política española, dividida en facciones dentro de las mismas tendencias y dominada por el caciquismo y la corrupción.

En febrero de 1873 Amadeo I abdicó como rey de España y las distintas facciones se enfrentaron al reto de pactar una forma de gobierno. La solución fue una coalición entre republicanos y federales que dio lugar a la Primera República. Pero esta forma de gobierno no pudo consolidarse por las divisiones y presiones de los conservadores y por el inmenso poder de la aristocracia. Los intentos de una revolución burguesa en España se vieron así frustrados cuando el general Pavía disolvió las cortes montado en su caballo, y le entregó la jefatura de Estado al general Serrano el 3 de enero de 1874. Ya el año anterior el Congreso había declarado la abolición de la esclavitud en Puerto Rico, pero no en Cuba, supuestamente por culpa de "unos cuantos rebeldes pertinaces" que lo impedían. Pesaban mucho más, sobre las ideas liberales, los intereses de los negreros, defendidos por el ministro de Ultramar, Manuel Calvo. La voz de Martí se dejó sentir en un artículo que escribió el 15 de septiembre: "La República Española ante la Revolución Cubana", que le envió a Estanislao Figueras, presidente del gobierno y que fue publicado en Sevilla dos meses más tarde, con el título "La cuestión cubana". Ese artículo expresaba con vehemencia la voluntad del pueblo cubano: "Cuba quiere ser libre. Y como los pueblos de América del Sur lo lograron de los gobiernos reaccionarios, y España lo logró de los franceses, e Italia de Austria, y México de la ambición napoleónica, y los Estados Unidos de Inglaterra, y todos los pueblos la han logrado de sus opresores".

Entre la comunidad cubana no faltaban los adeptos a la metrópoli y muchos de ellos confiaban en que con la república sería posible una autonomía para la isla que garantizaría muchas de las libertades. En una reunión en la Academia de Jurisprudencia en Madrid, Martí reiteró su postura en pro de una independencia para la isla, expuesta con anterioridad a la recién instaurada república. Tras la reticencia del auditorio, entendió que cierto liberalismo les negaba a otros lo que consideraba derechos universales. Y se convenció de que en tales circunstancias era imposible una salida pacífica para Cuba. Esto pudo confirmarlo al recibir la noticia del fusilamiento de ocho estudiantes de medicina en La Habana, acusados de traición. Eran 35 los condenados por conspirar contra el régimen colonial y entre ellos se encontraba su amigo Fermín Valdés, quien fue enviado en aquella oportunidad a presidio. Martí promovió en Madrid la agitación en favor del indulto, que se logró en mayo de 1872. Dos meses después recibió en Madrid a su amigo Fermín y a Pedro de la Torre, otro indultado. Martí dedicó una larga composición a los mártires de la patria titulada "A mis hermanos muertos", una elegía muy conocida en toda América Latina que se inicia con estos versos: "Cadáveres amados, los que un día/ Ensueños fuisteis de la patria mía/ ¡Arrojad, arrojad sobre mi frente/ Polvo de vuestros huesos carcomidos!".

Junto con su amigo Fermín se trasladaron a Zaragoza, ciudad que los acogió con calor hogareño. En la casa de huéspedes donde se alojaron trabajaba un criado negro de nombre Simón, deportado a Ceuta, y que alimentaba las añoranzas de Martí con sus aventuras. Allí se ganó el afecto y estimación de compañeros y profesores, que escuchaban sin burlas sus discursos llenos de fervor patriótico. Ese agosto se examinó en siete asignaturas de derecho y se matriculó en filosofía y letras. Pero Martí nunca dejó de frecuentar a los amigos ni abandonó las tertulias. La crónica "Entre flamencos", publicada en 1881, ofrece una imagen de la vitalidad de la vida madrileña que conoció en los *tablaos:* "Como estamos en sábado, aquí vienen los bulliciosos jornaleros a dejarse el jornal de la semana. Tal trae a su moza, y tal viene a buscarla. Alrededor del mismo mármol zámpanse sendos tragos de anisado alcarreño, un carpintero, un señor silbante, de los de sombrero de pelo y leontina de platino, y dos soldados". Tampoco esquivó el amor de las mujeres que amó y lo amaron, como Blanca de Montalvo, que pertenecía a una familia muy distinguida de Zaragoza. A ella le enviaba versos encendidos de amor y a ella tuvo que renunciar cuando el destino lo llevó de vuelta con su familia. De Cuba le llegaban las cartas de la madre dando cuenta de los achaques del padre, de la precaria situación de la isla a raíz de la quema de los ingenios, y hablaban de irse a México. A pesar de la dulce acogida de que era objeto en Zaragoza, el sentido del deber era más fuerte que él y al terminar sus estudios se preparó para regresar con los suyos.

A finales de 1873 la agitación en España no era menor que en Cuba. Los republicanos salieron a la calle a repetir la experiencia de septiembre de 1868, y los soldados fusilaron a cuantos ciudadanos armados encontraban. La república se fue abajo cuando el general Serrano dio el golpe militar el 3 de enero de 1874. En Zaragoza piquetes de soldados patrullaban las calles. En una velada en beneficio de las viudas y huérfanos se solicitó la presencia de Martí para que hablara ante el auditorio, y él improvisó un discurso que invitaba a la rebeldía civil. El teatro se llenó de ovaciones y muchos se acercaron para estrechar la mano de aquel joven de veinte años que con tanta claridad daba forma a sus sentimientos de dolor, rabia e impotencia ante la imposición militar. El corazón de Blanca de Montalvo quedó roto con la partida del cubano tierno y luminoso. Martí le dijo adiós con tristeza a ese amor, mientras la república española se iba al garete con la Guerra Carlista durante la presidencia de Castelar, cuarto presidente en ocho meses que llevaba el primer período republicano español.

MARTÍ ERRANTE

El periodismo, una vocación temprana

Desde 1869 Martí se vinculó al periodismo, su verdadera profesión, en el sentido en que fundó y dirigió muchas revistas a lo largo de su vida. Gracias a sus colaboraciones pudo enviarle dinero a su familia y sostenerse durante el exilio. Sus primeras publicaciones aparecieron en el colegio, en el periódico estudiantil *El Diablo Cojuelo*, título de la obra de Luis Vélez de Guevara, escritor español que cultivó el género de la novela picaresca, el que más se prestaba en su época para la crítica social. El editor era Fermín Valdés Domínguez, el gran amigo de Martí. Esta publicación se creó para mostrarles a los estudiantes de La Habana la corrupción del régimen colonial, igual que hiciera el personaje de la novela de Vélez de Guevara. El segundo periódico, *La Patria Libre,* del que sólo se publicó un número, fue obra de Martí y sus compañeros, entre los que se encontraba Fermín Valdés Domínguez, quien fue una de las presencias constantes en momentos cruciales de la vida de Martí. Como se trataba de muchachos muy jóvenes se supone que detrás de estas aventuras periodísticas estaba el maestro Rafael María de Mendive, animándolos a manifestarse en contra de la injusticia, velando por que sus pupilos defendieran con dignidad sus derechos, predicando con el ejemplo.

Al tiempo que surgía en Martí la figura del héroe, del defensor de los ideales de justicia y libertad, se revelaba el poeta. En él brotó muy pronto la semilla de la poesía, consciente como fue del lenguaje desde su infancia. El primer poema conocido de Martí se publicó el 26 de abril de 1868 en el periódico *Álbum*, dedicado a Micaela Nin, la esposa de su maestro Rafael María de Mendive. Con escasos quince años, Martí demostraba su excepcional sentido del ritmo y del colorido. El poema se titula "A Micaela" y fue escrito tras la muerte del hijo del matrimonio De Mendive: "¡Allá está! Cual fresca rosa/ blanco lirio de la tarde/ sentado en el verde musgo/ yace tu Miguel, tu ángel". La plasticidad, la audacia y sorprendente sonoridad del lenguaje poético son rasgos esenciales de Martí. Esto se puede apreciar tanto en sus versos como en sus crónicas, algunas de ellas verdaderas obras de arte, no sólo por su habilidad persuasiva sino por las fulgurantes imágenes, todas de eficacia y precisión, a la vez que innovadoras. Por esta razón los críticos lo consideran el iniciador del modernismo.

Fue después de la muerte de Martí cuando se consolidó este movimiento, que constituye un momento excepcional para la historia de la cultura y de la literatura de América Latina. Por primera vez los escritores hispanoamericanos asumían el liderazgo de la lengua heredada de los conquistadores, haciéndola propia y renovándola con la influencia de otras lenguas y culturas, reviviendo además viejas formas de la propia tradición castellana. Un ejemplo de esta actitud es el soneto "10 de octubre", modalidad métrica común en el Siglo de

Oro, que Martí conocía muy bien porque había aprendido a fondo las lecciones de retórica en el colegio.

Así, Martí crece como cronista, poeta y defensor de la libertad. Hay que aclarar que esas aspiraciones tienen mucho que ver con la idea de América que él fue madurando a partir de sus vivencias en distintos países y de su conocimiento de la naturaleza, del paisaje y de la diversidad de gentes que dibujan el rostro de un continente. Martí es el poeta que quiere renovar la lengua, pero no por el frívolo placer de escribir bien, sino por la necesidad de expresar con el idioma las verdades más profundas de la existencia; y quiere decirlas de una manera tan clara que adquieran fuerza, para que esas palabras puedan mover a la acción, ya que como queda claro, en él la palabra siempre es acción. Su ensayo más conocido se titula "Nuestra América" y fue publicado en 1891 en la *Revista Ilustrada* de Nueva York. El ensayo es una declaración de principios, un llamado a toda la intelectualidad latinoamericana y a los conductores de su destino, para que vuelvan sus ojos sobre las realidades del continente, si es que pretenden gobernarlo, garantizando los derechos de todos: indios, negros y mestizos "(...) la libertad, para ser viable [les decía], tiene que ser sincera y plena".

Los viajes, un destino

La vida de Martí está marcada por una trashumancia que empieza con el padre, inconforme con unos trabajos o depuesto de otros; que se ve obligado a cambiar de domicilio dentro de la ciudad, en la isla y fuera de la isla, como en aquella ocasión cuando la familia se traslada a España y luego a Honduras. Martí atravesaría mares y recorrería continentes desde que salió de La Habana desterrado, rumbo a España. Luego de regresar a América para encontrarse con su familia que ya residía en México, fue después a París y en una breve estancia alcanzó a visitar al poeta más admirado de su generación, Víctor Hugo, cuya obra habían leído los modernistas. El poeta francés le regaló el libro *Mes Fils,* que traduciría posteriormente por entregas en la *Revista Universal,* donde sorprendió a los lectores con su rutilante estilo.

Aunque su amigo Fermín le insistió para que no se comprara un pasaje de tercera clase, al lado del ganado y de los pobres emigrantes, Martí eligió esta opción, pensando en su familia y la falta que les haría el dinero que iba a gastarse en lujos. Pero se le acercó el capitán y le informó que un caballero que no quería dar su nombre, le pagaba la diferencia para que pudiera viajar en primera. Cuando llegó a Veracruz sintió el calor del trópico como un hálito de paz, que le hacía comprender que su patria era América entera. Pero esa felicidad se vio empañada por la noticia de la muerte de su hermana preferida, Ana.

En México permaneció desde febrero de 1875 hasta diciembre de 1876, período decisivo para comprender los problemas de esa América que sentía tan suya; uno de ellos, la exclusión del indígena, era algo que también padecía Guatemala, su próximo destino. De estos seres maltratados, humillados e ignorados, diría: "Y esto es un pueblo entero; esta es una raza olvidada; esta es la sin ventura población de México. El hombre está dormido y el país duerme sobre él. La raza está esperando y nadie salva a la raza...". Pero tampoco ignoraba los problemas del artesanado ni los del proletariado que empezaba a organizarse. Martí, que hubiera podido ocupar un cargo destacado con sólo acercarse al déspota, tuvo que abandonar el país azteca. Sus ideas le resultaban muy molestas al dictador Porfirio Díaz que depuso al presidente Sebastián Lerdo de Tejada cuyas ideas compartía Martí.

Pero detengámonos en su estancia en este país desde su llegada, cuando lo fueron a recibir su padre y Manuel Mercado, el amigo solidario al que recurriría en muchas ocasiones. Ana había fallecido a los dieciocho años sin ver a su novio ni a su hermano, a quienes esperaba. Su primer pretendiente había sido Venustiano Carranza, que llegaría a ser presidente constitucionalista de México durante la primera etapa de la Revolución. El licenciado Lerdo de Tejada presidía entonces la República de México. El padre de Martí trabajaba como sastre, oficio que había heredado de su familia en Valencia. Mercado le consiguió a Martí tareas en el periódico *El Federalista* y lo vinculó a la *Revista Universal,* donde no firmaba sus escritos. Publicó por entregas su traducción de la obra de Víctor Hugo, asistió a tertulias con destacados intelectuales y poetas como Justo Sierra, Juan de Dios Peza, Ignacio Altamirano y Manuel Gutiérrez Nájera, que murió igual que Martí, en 1895. Éste escribió con el seudónimo *Orestes* y de esa forma prestó su apoyo al gobierno de Lerdo de Tejada. Su afición por el teatro desde que llevaba los recados a los cómicos en La Habana, hasta su experiencia en Madrid y Zaragoza, se mantuvo viva en la capital mexicana. Allí escribió *Amor con amor se paga,* en cuyo reparto intervino la actriz Concha Padilla, con quien tuvo una aventura amorosa.

Cuando Porfirio Díaz se tomó el poder, Martí se puso del lado del pueblo mexicano, convencido de que la lucha por la libertad no tenía fronteras, y escribió un artículo que fue publicado en *El Federalista* en el que llamaba a la resistencia: "Una revolución es necesaria todavía: ¡La que no haga presidente a su caudillo!, la revolución contra todas las revoluciones; el levantamiento de todos los hombres pacíficos, una vez soldados, para que ni ellos ni nadie vuelvan a serlo jamás". La experiencia mexicana le abrió los ojos respecto al plan que Maceo y Gómez le presentaron en 1884 y que provocó la célebre carta en la que les expresaba con mayor claridad sus diferencias. Una vez que Porfirio Díaz asumió el poder, Martí comprendió que él y su familia debían abandonar el país.

En 1877 encontramos a Martí en Guatemala trabajando como maestro en la Escuela Normal, dirigida por un compatriota. Gracias a su amistad con la familia de Fermín Valdés surgió la oportunidad de viajar a ese país que le atraía. Allí también rompería el corazón de una muchacha que lo amó en silencio y a quien le dedicaría el poema "La niña de Guatemala". Se llamaba María García Granados y era la hija de la familia que lo acogió, una lánguida niña de negra y espesa cabellera que acaso no pudo soportar verlo regresar casado: "(...) Ella dio al desmemoriado/ una almohadilla de olor;/ él volvió, volvió casado:/ Ella se murió de amor".

Igual que en México, en Guatemala se le admiraba, pero se le temía. Sus ideas libertarias amenazaban con despertar la conciencia del pueblo y eso molestaba sobremanera a los poderosos. El presidente Justo Rufino Barrio reconocía la república cubana que proclamaban las fuerzas de Carlos Manuel de Céspedes. Pero Martí no podía soslayar la situación del indígena explotado como jornalero y escribió un artículo que, bien entendido, es un elogio a la nación. Las clases altas se sintieron muy incómodas. Por esa razón tuvo que abandonar ese país dominado por la aristocracia del café.

Martí regresó a La Habana casado con la cubana Carmen Zayas Bazán, a quien había conocido en México, pero vivió allí por un breve período. En su patria fue deportado de nuevo a España en septiembre de 1879 por sus actividades independentistas. Una vez más empezó su peregrinación: de España a Francia y de Francia a Nueva York, donde lo encontramos en 1880 haciendo propaganda en favor de la independencia de la isla, al lado del general Calixto García, que preparaba la "Guerra Chiquita". Allí publicó artículos en inglés en periódicos como *The Hour* y *The Sun*.

El siguiente destino de Martí fue Venezuela, donde la intelectualidad lo recibió con entusiasmo. Su vida se repartía allí entre las clases en los colegios Santa Marta y Guillermo Tell Villegas, y sus colaboraciones para los periódicos *La Opinión* y la *Revista Venezolana* cuyo editorial hoy por hoy se considera el manifiesto del modernismo. Gobernaba en Venezuela el dictador Guzmán Blanco, que había apoyado la causa independentista cubana. El dictador tenía pretensiones de ilustrado y, seducido por la cultura francesa, impuso un estilo parisino en la capital, con palacios, museos y bulevares, en contraste con el atraso del país. A muchos de los intelectuales que criticaban el régimen los silenciaba o recluía en sus domicilios, como a Cecilio Acosta, liberal, erudito e insobornable. Martí visitaba con frecuencia a este hombre, contraviniendo la voluntad del gobierno. Y tras su muerte le dedicó unas palabras en la *Revista Venezolana*: "Ha muerto un justo: Cecilio Acosta ha muerto. Estudiar sus virtudes e imitarlas es el único homenaje grato a las grandes naturalezas y digno de ellas". El dictador lo obligó a salir del país a raíz de ese artículo.

En Nueva York Martí trabajó haciendo traducciones para los editores Lyons and Co. y Appleton, y también enviaba artículos para *La Opinión Nacional* de Caracas y *La Nación* de Buenos Aires. Vivió en esa ciudad desde 1881 hasta 1895. Esos catorce años fueron los más productivos de su vida, no sólo como intelectual de dimensión continental, sino como patriota, pues en ningún momento abandonó sus actividades dentro del Comité Revolucionario. Del mismo modo ocupó distintas representaciones diplomáticas: Cónsul de Uruguay, más tarde de Argentina y después de Paraguay y a esas representaciones tuvo que renunciar, pues sus actividades revolucionarias eran incompatibles con los cargos diplomáticos.

La nostalgia del hogar

Desterrado y alejado de la familia y los afectos, Martí necesitaba el calor del hogar. Había en él algo doméstico y cotidiano, en contraste con sus aspiraciones universales: un sentimiento de hogar, de tierra y de patria que se vio frustrado por la precaria situación de su familia y por su dificultad para fundar un hogar. Pero en su vida encontró muchas familias de acogida, la primera de ellas fue la del propio De Mendive, la segunda es la de su amigo y compañero de estudios, y de exilio, Fermín Valdés Domínguez. En aquella casa compensó, en parte, la nostalgia del maestro desterrado. Allí lo recibieron como a un hijo más, pues admiraban su delicadeza y pulidas maneras, y además le permitían recibir clases de francés. El padre de Fermín era oriundo de Guatemala y estos nexos fueron muy importantes en su vida. Gracias a ese contacto se instaló en aquel país al salir de México. En Madrid contó con protectores y ayudantes que lo cuidaron en su lecho de enfermo y le buscaron trabajos para financiarse su estancia. Cálida fue también la acogida en Zaragoza, donde sintió el amor por sus raíces hispánicas, donde amó a una hermosa mujer y fue respetado por sus maestros y condiscípulos.

Sin embargo, el destino le impidió fundar su propio hogar, a pesar del amor hacia su esposa y su hijo. Martí se casó en México en 1877 con Carmen Zayas Bazán a quien conoció cuando vivía en ese país. Sin duda influyó en esa decisión el que fuera cubana y todo cuanto en ella asociaba a la cercanía de la patria: dolor y felicidad, amor, agonía y deber. En sus versos queda la memoria de sus primeros amores: Blanca de Montalvo, Rosario de la Peña, Eloísa Agüero y su amor secreto de Madrid. También la actriz mexicana Concha Padilla, que actuó en la obra *Amor con amor se paga*, escrita por él. La misma noche del estreno de esa obra conoció a Carmen, que era oriunda de Camagüey y pertenecía a una familia acomodada. Ella no estaba acostumbrada a prescindir del bienestar en el que se crió y tampoco entendía las dimensiones de la empresa iniciada por Martí. La vida a su lado era muy incierta y se mantenía en permanente zozobra. Antes de cumplir dos años de casados, cuando el hijo tenía diez meses, Martí es deportado a España por sus actividades revolucionarias. Quienes dieron testimonio afirmaron que la relación estuvo marcada por las tensiones que generaban las exigencias de Carmen y la total entrega de Martí a la causa independentista, en detrimento de la estabilidad del hogar.

Martí creía amar sinceramente a su esposa, como lo expresó en una carta enviada a su suegro en la que parece justificarse: "Tan poderoso es mi amor a Carmen, que logró desconcertar un instante la común virilidad de mis ideas, y hacerme concebir mi vuelta a México, como si yo tuviera el derecho de volver hasta después de haber empleado cuanta intrepidez y fuerza de acción hay en mi alma". Martí tenía prohibida la entrada a México después de haber escrito un artículo que ofendía al dictador Porfirio Díaz. En esa carta escrita a su suegro deja claro el compromiso moral con su familia paterna que, según explica, vivirá separada, pero advierte que los ayudará, pues le parece criminal no amparar su pobreza.

El matrimonio se rompió en 1879, aunque hubo un intento de reconciliación en 1880 cuando Carmen y su hijo se reunieron con él en Nueva York. Sin embargo, el amor al hijo y la compañía de su mujer no parecían curarle las viejas heridas. La soledad iba siempre con él y tenía hondas raíces. En el momento en que llegaron su esposa y su hijo, Martí trabajaba sin descanso, reemplazando en la presidencia del Comité Revolucionario a José Francisco Lamadriz, quien se trasladó a Cayo Hueso a buscar suscripciones entre los emigrados para la guerra. Ante esa situación, Carmen regresó con su hijo a La Habana.

Gracias a la ayuda de Carmen Miyares, que era de ascendencia venezolana y tenía vínculos en aquel país, Martí se trasladó a Venezuela en 1881, y allí permaneció seis meses. En Caracas escribió el libro de versos *Ismaelillo,* a raíz de la pena que le causó la separación de su hijo. La obra se publicó en Nueva York en 1882. Una de las mayores frustraciones de Martí fue no haber podido ejercer la paternidad ni intervenir para nada en la formación de su hijo, ni siquiera a través de la correspondencia. "Hijo: Espantado de todo, me refugio en ti", dice en su *Ismaelillo,* y es ésta una declaración desconcertante del horror ante un mundo que nada tiene que ver con el entusiasmo y la fe en el porvenir que justificarían el sacrificio por sus compatriotas y, en general, por la humanidad.

Martí sufría remordimientos de conciencia al ver cómo sus decisiones afectaban a los seres queridos que dependían de él. Lo que tal vez ignoraba, como sugiere Ezequiel Martínez Estrada, es que el hogar que quería construir no era el suyo, sino el de la humanidad. Lo que sí sabía era que no podía torcer su propia naturaleza para cumplir sólo con el papel de esposo y padre. Así se lo dio a entender a un amigo en una carta en la que le dice: "Aunque yo, amigo mío, no cobijaré mi casa con las ramas del árbol que siembro".

Cuando Martí cumplió treinta años su situación económica empezó a mejorar. El trabajo en Lyons and Co. le aportaba importantes ingresos. A éstos se sumaban los de las traducciones que le encargaba la casa Appleton, además de las colaboraciones en *La Nación* de Buenos Aires. Así pudo permitirse el lujo de alquilar una casa y convenció a Carmen para que volviera con su hijo a Nueva York. Entonces pudo invitar a su padre a descansar en primavera y enviar puntualmente dinero a la madre. Pero los domingos la casa se llenaba de cubanos que conspiraban. El regreso de su mujer a Nueva York coincidió con un momento en que el Comité, instalado en Nueva York, lo obligaba a llevar a cabo numerosas actividades y a realizar viajes continuos. Carmen sabía que su marido jamás abandonaría esa pasión política que lo arrastraba y ponía en riesgo el hogar, de manera que este nuevo intento por restituir la unión fracasó y Carmen buscó ayuda en la representación consular española en Nueva York para viajar definitivamente a Cuba con su hijo. Carmen y Martí sólo se volvieron a ver en 1891.

José Francisco Martí Zayas le escribió muy poco al padre, y al parecer lo hizo en un tono distante. El 1 de abril de 1895, pocos días antes de morir, Martí le escribió una carta desoladora y árida. Él, que solía ser muy cariñoso, debió sufrir al llegar a ese punto de la relación con su *Ismaelillo*: "Hijo, esta noche salgo para Cuba; salgo sin ti, cuando deberías estar a mi lado. Al salir pienso en ti. Si desaparezco en el camino, recibirás con esta carta la leontina que usó en vida tu padre. Adiós. Sé justo. Tu José Martí". Ni siquiera se designa padre. La frialdad de esas relaciones sin duda estaba influida por los reproches de quienes fueron incapaces de comprender el sacrificio de Martí. Sin embargo, el hijo, del que poco se sabe, salvo que se quedó sordo cuando se le disparó de cerca un cañón, no debía estar tan lejos del ideario libertario del padre ya que participó en la guerra de independencia en 1897. Se casó en 1916 y murió en 1945 sin dejar descendencia.

Quienes conocieron de cerca al matrimonio señalan que entre Carmen y su marido existía una barrera de incomprensión infranqueable. Fue una pena muy grande para Martí vivir sin el afecto de su esposa y sin poder volcar en una compañera su capacidad de afecto. La ruptura definitiva se produjo cuando ella se dirigió al consulado español en Nueva York donde pidió protección y obtuvo un pasaporte que le permitió volver a Cuba con el niño. La fuga de su mujer, arrebatándole al hijo, lo llenó de indignación. A partir de ese momento Martí sólo recibirá de su hijo una carta al mes, llena de garabatos, según le cuenta a un amigo en 1888. En cambio, encontró en la casa de Carmen Miyares, viuda de

Mantilla, el calor de hogar que necesitaba para no desfallecer de soledad. Allí vivió en calidad de huésped el tiempo que residió en Nueva York. Mucho se ha especulado sobre esta convivencia, pero los críticos más rigurosos han rehusado escudriñar en la intimidad de esta fraterna amistad. En aquella casa siempre mantuvo el régimen de pensionista y llevó rigurosamente sus cuentas hasta el último momento, preocupado por no quedarle a deber nada a su gran amiga. Los tres hijos de Carmen fueron para él como hijos suyos, en especial María y Carmita, a quienes llamaba "hijas mías". Manuel lo acompañó a República Dominicana el año fatídico de 1895. Martí era un alma tan pura que se sentía verdaderamente a sus anchas con las niñas, a quienes acostumbra hablarles de asuntos muy serios que no trataba con los adultos. Ellas tal vez no entendían, pero a él le permitían desahogarse. Él que amaba tanto a los niños y que adoraba a su único hijo, tuvo que compensar esa carencia con las hijas de Carmen Miyares, e incluso con el de Máximo Gómez, que lo acompañó un tiempo en Nueva York. Él fue quien le regaló el revólver que empuñaba en el momento de morir.

En casa de Carmen Miyares Martí solía reunir a sus amigos, y con el consentimiento de ella hacía algunas tertulias. Como sitio de trabajo alquiló una oficina donde lo visitaron amigos y poetas de países donde su fama se había extendido, como Rubén Darío y José María Vargas Vila, que fueron a visitarlo a Nueva York atraídos por esa aureola revolucionaria que lo mostraba como un héroe a los ojos de todos. La ciudad de Nueva York era por aquel entonces un lugar para conspiradores. Por doquier abundaban espías al servicio de la metrópoli española, así como anarquistas de todos los pelambres procedentes de remotos lugares del mundo, o liberales radicales hispanoamericanos expulsados de sus países por los tiranos. La atmósfera de libertad que se respiraba en aquel enorme país permitía llevar a cabo empresas como la fundación de revistas, periódicos, asociaciones y partidos. Vargas Vila fundó varios periódicos; uno de ellos fue *La Prensa*, que hoy en día circula difundiendo noticias sobre América Latina. Martí se adaptó con gran facilidad a ese ambiente cosmopolita debido a su gran capacidad de trabajo y a su disciplina. Esas eran las cualidades de los fundadores de las grandes naciones como los Estados Unidos, a pesar de lo distanciado que Martí y los modernistas se sentían de esa mentalidad utilitarista que distorsionaba el sentido más profundo de la libertad.

La otra revolución, el modernismo

José Martí contribuyó de manera decisiva en la tarea de renovación de la lengua española. Esta era también una forma de conquistar la autonomía que tanto deseaba para Latinoamérica. Su meta era acercarse a las verdades más hondas de la existencia a través de la palabra, para lograr los cambios que se proponía por el bien de la humanidad. Por eso entendía que la literatura tenía que ir íntimamente unida a ese proceso de regeneración. Su contribución fue renovar las formas y enriquecer el idioma con otras sonoridades.

Es curioso que aplazara por tantos años la publicación de sus versos. La mayor parte de su obra se editó póstumamente, salvo su *Ismaelillo*, 1882, y sus *Versos sencillos,* escritos en 1890 y publicados un año después. Sus *Versos libres* están fechados en 1882 y algunos en 1872, pero sólo se publicarían en 1913. Escritos a lo largo de su vida, se refieren a sus experiencias en prisión y como desterrado. Martí desconfiaba de la retórica que adornaba tantas mentiras y ocultaba la verdadera América. La poesía, en general, en América Latina, se refería a paisajes y ciudades europeas. En "Nuestra América" Martí decía que era preferible enseñar la historia de los incas, aunque no se enseñara la de los griegos. Fue un gran propagandista de los valores de Latinoamérica que le interesaba dar a conocer en los Estados Unidos: poetas, artistas, personajes históricos, flora, paisajes, culturas, etc. Al mismo tiempo, difundió en las revistas y periódicos de América Latina a poetas norteamericanos que alcanzaron una enorme influencia en la poesía en lengua española, como Poe.

Rubén Darío fue uno de los primeros en reconocer el impacto de la poesía de Martí, que conocía desde niño. Juan Ramón Jiménez, que también conoció su obra, expresó su admiración al sugerir que con su acento americano, con su "cubanidad" y universalidad, Martí "era tan moderno como los otros modernistas". De su poesía decía el propio Martí: "Recortar versos, también sé, pero no quiero". Para él, cada hombre traía su fisonomía, así como cada inspiración traía su lenguaje. "Amo las sonoridades difíciles, el verso escultórico, vibrante como la porcelana, volador como un ave, ardiente y arrollador, como una lengua de lava", explicaba. Y con esas afirmaciones no hacía otra cosa que describir con detalle la poética modernista.

Martí amaba la sinceridad aunque pudiera parecer brutal, y esto en él llegó a ser una práctica habitual. Fue dolorosamente sincero con la madre y también con los jefes militares de la Revolución Cubana, Antonio Maceo y Máximo Gómez, aun a riesgo de ser marginado por ellos, como efectivamente ocurrió. Era muy consciente del impacto de la palabra y así lo expresaba en el poema titulado "Flores del destierro": "Mi verso crecerá: bajo la yerba/ Yo también creceré: ¡cobarde y ciego/ Quien del mundo magnífico murmura!".

Su manejo del idioma era magistral hasta el punto de elevar la crónica a nivel de una obra de arte. No ahorraba recursos para ofrecerles a los lectores una imagen exacta que hiciera sonar las cuerdas más profundas. En una crónica sobre las pascuas en Nueva York destaca su colorido y vivacidad, de modo que nos hace vibrar con su escritura, no importa si el tema corresponde o no a la realidad hispanoamericana:

> Aderezan los pastores el órgano sonoro de sus templos. Y dispónense a baile suntuoso los magnates de la metrópoli, y los alegres, que son otros magnates. La alegría es collar de joyas, manto de rica púrpura, manojo de cascabeles. Y la tristeza ¡pálida viuda! Así son en Nueva York las pascuas de diciembre.

Conviene recordar que Martí escribió la primera novela modernista: se publicó por entregas en 1885 y la tituló *Amistad funesta*; tras su muerte, apareció como libro, en 1911, con el título *Lucía Jerez*, nombre de la protagonista. A Martí no le gustaba demasiado el género novelesco, pues consideraba que había en él mucho de fingimiento. La novela, según decía, nada tenía que ver con sus versos escritos desde el fondo de su ser, con dolor ante las verdades de la existencia y muchas veces con sangre. Pero la escribió por encargo de su amiga Adelaida Baralt, quien le había encomendado esa tarea, circunstancia que queda clara en la edición preparada por el propio Martí. La escribió en siete días y su descripción del personaje Juan Jerez se corresponde con su ideal humano y artístico:

> Era de la raza selecta de los que no trabajan para el éxito, sino contra él. Nunca, en esos pequeños pueblos donde los hombres se

encorvan tanto, ni a cambio de provechos ni de vanaglorias cedió Juan un ápice de lo que creía sagrado en sí, que era su juicio de hombre y su deber de no ponerlo con ligereza o por paga al servicio de ideas o personas injustas...

Es como si hablara de sí mismo, porque él prefirió el destierro antes que renunciar a sus convicciones. Jamás se puso de parte de los tiranos, jamás dejó de denunciar las injusticias y siempre hubo en él una actitud generosa y comprensiva hacia el contrario, como lo sentimos en sus *Versos sencillos*: "Cultivo una rosa blanca,/ En julio como en enero,/ Para el amigo sincero/ Que me da su mano franca.// Y para el cruel que me arranca/ El corazón con que vivo,/ Cardo ni oruga cultivo:/ Cultivo una rosa blanca".

Muy moderno y muy cosmopolita

Ser modernos y cosmopolitas era una de las aspiraciones más grandes de los modernistas hispanoamericanos, desde Rubén Darío hasta el guatemalteco Gómez Carrillo, pasando por José Asunción Silva. En realidad, rechazaban el medio provinciano, estrecho, hosco, salvaje en el que les tocó vivir, propio de las naciones latinoamericanas. Conquistar París, viajar por Londres, pasearse por aquellas calles multitudinarias entre el ruido de los carruajes y observar los lujosos escaparates, los seducía, porque para ellos era una forma de acercarse a la modernidad. Una buena parte de los modernistas optó por el viaje a Europa para escapar de ese atraso, pero también como una vía para adquirir más conocimientos y colmar sus aspiraciones universales. Su destino podía ser París o Londres. Sin embargo, Martí nunca se dejó impresionar por ese cosmopolitismo de catálogo o de vitrina. En Madrid, a pesar de que era una ciudad muy provinciana, tuvo un contacto directo con la pintura universal. Allí se dedicó a admirar la pinacoteca del Museo del Prado y posteriormente a difundir la maravillosa obra de Goya para el público norteamericano. Asimismo asistió a cuantas funciones teatrales le fue posible y frecuentó las tertulias de la época, porque lo que sí abundaba en la villa y en la corte era vida literaria.

Con los modernistas compartía el concepto de la belleza, pero se distanciaba de muchos de ellos en su actitud ante la vida. Para estos jóvenes el ideal se materializaba, además, en una forma de estar en el mundo que posibilitaba la experiencia de la ciudad moderna. La cultura latinoamericana, basada en lo aprendido en los libros, era por tradición de oídas y muchas veces asumía esas aspiraciones a partir de las lecturas que hablaban de otros paisajes y de realidades lejanas a las jóvenes repúblicas, sumidas en el atraso. La ciudad moderna permitía vivir en libertad, cultivarse; en últimas, acceder a la modernidad, y así lo expresaban poetas como Rubén Darío o José Asunción Silva. Sin embargo, Martí defendía la importancia de conocer lo propio, de volver la mirada sobre la realidad americana para mejorarla.

Cuando Martí llegó a Madrid ya había leído a los clásicos y los franceses en la biblioteca de su maestro De Mendive. Conocía a Voltaire, a Rousseau y sobre todo a Víctor Hugo.

La admiración por Víctor Hugo era unánime en toda la América hispana, no sólo entre los escritores sino también entre el público lector que podía acceder a las traducciones de editoriales españolas e hispanoamericanas de gran circulación. *Los Miserables* tuvo muchos lectores, y se habló tanto de ella que llegó a ser popular incluso entre quienes no la habían leído. Martí conocía a fondo el francés y el inglés, lenguas que traducía con gran acierto. A sus conocimientos de la literatura inglesa y francesa añadía una impresionante formación clásica, a la que se sumaban las más diversas lecturas de medicina, antropología, botánica, geografía y economía, de modo que tenía un gran conocimiento del medio y de los elementos constitutivos de la cultura de América Latina.

Llegó a Nueva York por primera vez en 1880, pero se instaló definitivamente en 1882. Allí avanzó con el ritmo acelerado que exigía la gran ciudad, realizando uno y otro trabajo: contable, profesor, traductor, voluntario y activista político. Sin defender el cosmopolitismo, vivió al ritmo de los tiempos modernos, pero fue mucho más allá al ser capaz de poner en práctica esa forma de ser cosmopolita sin pregonarlo, renunciando a lo que otros no podían renunciar y dando cuanto tenía, su tiempo, su energía, su talento. Vivir en el corazón de Nueva York, sentir el pálpito de la ciudad fue una experiencia formadora. Allí supo lo que eran el poder del dinero y la grandeza de la ingeniería humana. El paisaje cotidiano le ofrecía la visión de los altos edificios; a su paso tropezaba con aglomeraciones de carruajes, tranvías de caballos y traficantes presurosos.

Durante los primeros días, como todo emigrante, recorrió las calles en busca de trabajo, visitó oficinas, periódicos, editoriales, mientras colaboraba con el Comité Revolucionario. Además de las cartas que enviaba a *La Nación* de Buenos Aires colaboraba con *La América*, una revista de agricultura y comercio. A mediodía despachaba cartas en la oficina de Lyons and Co., y por la noche regresaba agotado a su domicilio de Brooklyn. Los domingos en su casa recibía a sus compatriotas que se lamentaban del fracaso de la Guerra Chiquita y tramaban nuevas acometidas contra el régimen colonial opresor.

Martí tenía su oficina en el cuarto piso de una sombría casa de la calle Front, y cuentan quienes lo visitaron que el ambiente era muy agradable y acogedor, pues allí reinaba un grato desorden. En las paredes colgaban retratos de Bolívar, Darwin y Marx. De los estantes se desprendía uno de los grilletes del presidio, que a diario le recordaba la indigna situación de su patria. Su cultura era tan vasta que en su biblioteca se encontraba desde un tratado de fisiología hasta un estudio de antropología o de medicina y todos los volúmenes tenían notas suyas tomadas muchas veces en los tranvías o mientras iba caminando. Por supuesto, tenía libros de derecho y de literatura, sobre todo los que llegaban de América Latina, cuyo progreso intelectual seguía muy de cerca, así como obras de autores norteamericanos. Su mesa de trabajo siempre estaba repleta de papeles que constituían su correspondencia con los periódicos de Cuba, México, Guatemala, Venezuela y Argentina con los que colaboraba, así como con los de Nueva York que dirigía.

Su domicilio particular, es decir, la casa de la familia Mantilla Miyares, quedaba en Classon Avenue, 324 de Brooklyn. Fue una suerte para él encontrar un hogar en casa de su compatriota cubano, Manuel Mantilla, y de Carmen Miyares, su esposa, de ascendencia venezolana. El matrimonio alquilaba habitaciones a los huéspedes para cubrir los gastos de la casa. En aquella ciudad, dura como el acero y fría como el hielo, Martí encontró el calor hogareño para paliar la tristeza al saberse alejado para siempre de sus seres más queridos.

Martí vivía de una manera espontánea y fluida su visión universal de la cultura, con sus ojos puestos sobre los problemas de América Latina. No sucumbió a la fascinación por el lujo, íntimamente relacionado con el bienestar burgués, al que tanto se inclinaban los modernistas. El cosmopolitismo de Martí, a diferencia del de otros modernistas, de ninguna manera fue frívolo, ya que nunca se dejó deslumbrar por la riqueza y el confort que podía proporcionar la ciudad moderna. Cuando observaba los escaparates de las tiendas más lujosas, como Tiffany, según se lee en su crónica de la pascua en Nueva York, admiraba la belleza de las joyas y de los objetos que se exhibían, pero siempre recordaba que era aún mayor la belleza de los sentimientos y mayores las dichas que proporcionaba el afecto:

Ira y piedad levanta el puñado de gentes ávidas que rodea siempre el mostrador de los diamantes. Parecen esclavas prosternadas ante un señor. Una esclava es más dolorosa de ver que un esclavo. ¡Cuánto deseo! ¡Cuánta sonrisa forzada! ¡Cuánta tristeza! ¡Oh, si

miraran de esa manera en el alma de sus hijos: qué hermosos diamantes hallarían!

Admiraba la grandeza de Nueva York, pero no mucho
más que a la naturaleza americana de la que se sentía parte.

Hay quienes dicen que el modernismo se inaugura en 1888
con la publicación de *Azul,* de Rubén Darío, pero hay también quien afirma, no sin razón, que el modernismo se inicia
en 1882 con la publicación del libro de versos de Martí, *Ismaelillo*: "Sea mi espada/ pavés de mi hijo;/ posa en mis hom-
bros/ el mar sombrío:/ muera al ponerte/ en mi tierra vivo".
Su íntimo contacto con la pintura le permitió explorar las
posibilidades de la palabra recurriendo al colorido y plasticidad de las imágenes: "El escritor debe pintar como el pintor", decía, acaso retomando la definición griega de la pintura
para la cual la pintura es poesía muda. El mismo Rubén Darío,
al referirse a la poesía de Martí decía que "Escribía una prosa
llena de vitalidad y color, de plasticidad y de música".

Su tarea de renovación de la lengua encajaba con su proyecto de regeneración del continente. Fue esta su actitud vital
y ese su compromiso con la patria y con América Latina. De
ahí la prioridad que le daba a su trabajo en favor de sus ideales independentistas, para despertar la conciencia de los ciudadanos para que se arriesgaran a ser ellos mismos, buscando las peculiaridades nacionales, buceando en la historia, en la
naturaleza. Esta es la labor que cumplió desde la prensa en
todos los países que lo acogieron. Martí tuvo que ir de un país
a otro porque sus ideas resultaban tremendamente incómodas

a las élites que manejaban la economía y dirigían los asuntos nacionales con el despotismo de los caciques.

En Martí influyeron las estéticas francesas como el simbolismo y el parnasianismo, pero también la tradición española, que retomó y adaptó a las realidades americanas, a su geografía, a su flora y a su fauna. Fue esencial para su poesía y su pensamiento su contacto íntimo con la naturaleza americana, desde su viaje a Matanzas, siendo un niño, hasta el que realizó a Honduras con la familia en busca de mejores oportunidades. Atravesando ríos caudalosos, escalando montañas, entre la humedad del trópico y la manigua, descubrió poblados indígenas en apacible calma, lejos de la civilización que irrumpía violenta en los centros urbanos. Esas experiencias le imprimieron a su prosa la fuerza volcánica que la crítica señala. Contrasta la actitud de Martí con la de muchos modernistas que en un primer momento escapan de esas realidades y se refugian en lánguidas princesas, o en los lejanos ambientes de una *Belle Époque* aristocrática que despreciaba la vulgaridad del mundo burgués, pero sin superar la debilidad ante el lujo y la ostentación. Martí, que era un hombre sencillo y austero, criticaba estas veleidades de su tiempo en "Nuestra América", donde decía: "(...) el lujo venenoso, enemigo de la libertad, pudre al hombre liviano y abre la puerta al extranjero".

Del mismo modo, criticaba la imitación vana y superficial de los modelos europeos. Para él era claro que no podía haber una literatura hispanoamericana hasta que no existiera Hispanoamérica. Con esa idea despertaba la conciencia de sus hijos para que marcharan unidos, juntos el indio, el negro y el blanco. En su presentación de la *Revista Venezolana* decía que era preciso echar por tierra tres siglos que impedían andar con las raíces y construir una nación pujante, sin necesidad de una admiración servil a extraños ritmos, sin fingir pasiones perturbadoras. La obra era para él imaginación de alas de fuego, más que gimnasia de la inteligencia. Se refería a la tendencia de ciertos modernistas a imitar las maneras adoptadas por los decadentistas franceses, los que buscaban "sensaciones raras" en lo mórbido y pretendían "gozar sufriendo". Esos sentimientos rebuscados nada tenían que ver con la realidad americana de ese momento, cuyo reto consistía en construir países. Cantar al hastío y al aburrimiento era una vergonzosa falsedad que Martí deploraba.

Un ave negra, el caudillismo

La Guerra de los Diez Años comenzó en octubre de 1868, cuando en Yara, Céspedes se rebeló contra el gobierno colonial. La Revolución de Septiembre, que estalló ese mismo año en España, no tenía en cuenta a Cuba. La metrópoli se cerraba a una negociación que en un principio hubiese podido evitar la guerra. Pero había muchos intereses azucareros de por medio y secretas conversaciones con los que querían anexar Cuba a los Estados Unidos.

Carlos Manuel de Céspedes difundió un manifiesto contra la opresión española. Lo acompañaban en la empresa, entre otros, Máximo Gómez, con una gran experiencia en la guerra de guerrillas, adquirida en su lucha contra España en Santo Domingo, y Antonio Maceo, el negro libre a quien llamarían *Titán de Bronce*. Pese a la desventaja, los rebeldes mantuvieron a las fuerzas españolas en jaque durante diez años.

El deseo de independencia empezó a expandirse y pronto se organizaron sociedades secretas para ayudar a los insurrectos. Se tomaron represalias contra los voluntarios, es decir, los jóvenes colonos que engrosaban las filas del ejército español. José Martí alentaba a sus condiscípulos, leyéndoles poemas, haciendo circular hojas clandestinas que expresaban los deseos independentistas de la juventud. Fue precisamente a través de una carta a un condiscípulo que Martí y sus amigos hacían un llamado a la juventud cubana para que se negara a colaborar con las fuerzas del régimen, para que no ingresara en el cuerpo de voluntarios. La carta, como hemos visto, motivó la detención de Martí.

Cuando Martí regresó a Cuba después de cumplir su pena en España, el gobierno le negó el derecho de ejercer la abogacía y la docencia. Entonces aceptó la propuesta de su amigo Nicolás Azcárate para trabajar en su despacho. Al nacer su hijo, Martí tuvo que hacer frente a las necesidades de la familia y aceptó un puesto de secretario de la sección de literatura en un colegio de Guanabacoa. El despacho de Azcárate se convirtió en lugar de reuniones, de discusiones políticas y polémicas literarias. Después trabajó con el abogado Miguel Viondi, quien tenía mucha clientela y necesitaba un auxiliar. Fue entonces cuando recibió el llamado del Comité de Nueva York que invitaba a los rebeldes a organizarse clandestinamente para trabajar por la independencia. El despacho jurídico de Viondi se convirtió en centro de operaciones. Allí empezó a analizar las causas que hicieron fracasar la Guerra de los Diez Años.

Dada la vigilancia extrema de las autoridades, Martí mantuvo correspondencia con los patriotas y puso en riesgo su vida asistiendo a reuniones. Reanudó su contacto con Fermín Valdés y con su maestro De Mendive, quien se encontraba en Nueva York. Esta situación fue la causa de los primeros conflictos con su esposa, pues ella no compartía tal dedicación a la causa cubana, a costa de tanto riesgo.

A finales de agosto de 1879 empezó la llamada Guerra Chiquita, al frente de la cual se pusieron José Maceo y Guillermo Moncada. Desde Jamaica, Antonio Maceo intentó unirse al combate, como lo hizo Calixto García. La guerra finalizó con un pacto al que siguió un período de tranquilidad, hasta que se reanudaron las acciones guerrilleras. Centenares de cubanos fueron detenidos y enviados a la metrópoli a las cárceles de Ceuta, una ciudad española en Marruecos, y Mahón en las Islas Baleares. En el mes de septiembre de 1879 Martí fue detenido por culpa de un delator. Las autoridades lo encarcelaron y fue desterrado nuevamente a España.

Cuando en 1879 Martí llegó a Madrid, la ciudad estaba entregada a la preparación de la boda de Alfonso XIII con María Cristina de Habsburgo, y Cuba era lo que menos preocupaba. Aun así, gestionó una entrevista con el político Cristino Martos para sensibilizarlo con la causa cubana. Pero no fue posible una negociación. Al mando de las tropas españolas se puso al comandante Camilo Polavieja para sofocar la rebelión. La guerra finalizó poco tiempo después con el pacto de Zanjón, que no fue aceptado por todos los combatientes cubanos. En realidad se trataba de una tregua en la lucha por la independencia. Antonio Maceo reanudó la campaña, pero ante la falta de respuesta abandonó la isla junto con Máximo Gómez, a la espera de otro momento.

Martí no ignoraba que la mayor parte de los jefes de la insurrección eran hacendados azucareros que luchaban por tener un sitio en la estructura exportadora. A ellos se sumaban campesinos, esclavos, amplios sectores de la burguesía urbana y los artesanos. El espectro social era tan diverso y complejo que requería un conductor capaz de limar los desacuerdos.

Uno de los mayores temores del sector azucarero más pujante era la rebelión de los esclavos, que ya en Haití había demostrado tener éxito. Por eso dejaban atrás todas sus discrepancias con la política colonialista y mostraban su adhesión a la metrópoli y su oposición a la independencia. La abolición de la esclavitud no llegó sino hasta 1886. La Guerra de los Diez Años dejó una crisis en el sector azucarero que necesitaba modernizarse para competir en el mercado internacional, pero no tenía capacidad para hacerlo.

En diciembre de 1879, cuando aún cumplía su condena en España, Martí pasó clandestinamente la frontera francesa, rumbo a París y de allí a Nueva York, adonde llegó por primera vez en enero de 1880. Allí se veían con mayor claridad y desde una perspectiva más amplia los problemas de la isla. Empezó a trabajar eficazmente por la causa con el Comité Revolucionario. Calixto García, jefe revolucionario con amplia experiencia en las guerrillas, creía poco en la oratoria de los intelectuales, ya que para él sólo valía la acción. Pero al escuchar una conferencia de Martí ante sus compatriotas, no sólo quedó impresionado por la precisión de sus argumentaciones y la plasticidad de sus metáforas, sino por el efecto que sus palabras causaron en el auditorio.

El discurso pronunciado por Martí el 24 de enero de 1880 en favor de la continuidad de la lucha para lograr la independencia, aparte de esclarecedor, era muy conmovedor: "Ignoran los déspotas que el pueblo, la masa adolorida, es el verdadero jefe de las revoluciones". Martí le explicaba a los exiliados las razones de su complejo de inferioridad, debidas al proceso de la conquista que los puso de rodillas y luego los obligó a coger el arado para servir al amo. En los Estados Unidos todos los cubanos se sentían tratados como negros, despreciados por el prepotente país, y eso fue decisivo para que apoyaran con sus contribuciones la batalla que iba a librarse en Cuba. El objetivo era establecer un sistema democrático para acabar con esas injusticias históricas.

Martí tenía muchos seguidores, pero a su alrededor también pululaban envidiosos que lo calumniaban y de los que debía defenderse. No era suficiente predicar con el ejemplo, dando clases gratuitas y recaudando fondos para la causa, escribiendo artículos, trabajando desinteresadamente y viajando en trenes de tercera cuando el partido lo enviaba a recorrer distintas ciudades. Lenguas viperinas lo acusaban de despilfarrar el dinero de los trabajadores cubanos haciendo revistas para promocionarse. Él tenía que defenderse por escrito y en público, demostrar su intachable conducta hasta el agotamiento. Sus crónicas, fueran o no de contenido político, movían al interlocutor a la reflexión, que era lo que él se proponía. "Pensar es servir", decía en "Nuestra América", y una crónica como "El puente de Brooklyn", monumento a la ingeniería y a la voluntad humana en su avance al progreso, era también una disculpa para mover a sus lectores a la reflexión. Decía que en ese puente colgante de Brooklyn se apiñaban "como entre tajos vecinos del tope a lo hondo en el corazón de una montaña", hebreos de perfil agudo y ojos ávidos, alemanes carnosos y recios, escoceses sonrosados y fornidos, húngaros bellos, negros lujosos, rusos, de ojos que queman, noruegos de pelo rojo, japoneses elegantes, enjutos e indiferentes chinos..., ese crisol de razas que constituía la humanidad de aquel poderoso país.

Martí había visto que en América Latina fracasaban los intentos revolucionarios por los personalismos y las divisiones que impedían llevar a cabo un proyecto de unión y hermandad entre los países y dentro de cada país. Todo lo contrario de los Estados Unidos, que había puesto sus esfuerzos en unir esos vastos territorios para construir un solo país. Martí veía en la desunión y en los personalismos ese mal endémico que conducía al caudillismo, y sentía la necesidad de replantearse la lucha, de elaborar un proyecto revolucionario acorde con los tiempos. Aunque no dejó de señalar las trampas en las que se apoyaba la unión en ese gigante del norte, donde veía la manera en que se dividían las localidades y se reproducían los males de la humanidad. Lo expresaba claramente en su artículo "La verdad sobre los Estados Unidos". En la Venezuela de Guzmán Blanco vio con horror una clase oligárquica con pretensiones de Ilustración, seducida por la cultura francesa que impuso un estilo parisino en la capital.

Fue en 1884 cuando se organizó el movimiento separatista desde los Estados Unidos, para hacerle una propuesta a Máximo Gómez. El problema era cómo asumir los gastos de un plan, pues aún no se habían reunido fondos suficientes. Martí abandonó su cargo en la embajada de Uruguay para dedicar más tiempo a sus actividades revolucionarias. El 10 de octubre de ese año, fecha en que se conmemoraba el aniversario del grito de Yara, en un mitin cubano, Martí convenció con su elocuencia al público. Para recaudar fondos en pro de la causa revolucionaria, se fundó la Sociedad Cubana de Socorros Mutuos, de la que se le nombró presidente.

Pero Martí no estaba de acuerdo con Máximo Gómez, pues tomaba medidas y disponía sin consultar todos los pareceres. Entonces le escribió una carta desde Nueva York, fechada el 20 de octubre de 1884, en la que le ponía los puntos sobre las íes:

> Un pueblo no se funda, como se manda un campamento... ¿Qué somos, general?, ¿los servidores heroicos y modestos de una idea que nos calienta el corazón, los amigos leales de un pueblo en desventura, o los caudillos valientes y afortunados que con el látigo en la mano y la espuela en el tacón se disponen a llevar la guerra a un pueblo, para enseñorearse después de él?

El único premio que deseaba Martí era hacer llegar a la casa del pobre y a la escuela, el arte y la esperanza; esparcir el amor a la verdad y hacer que se elevaran las almas, para compensar así a los obreros cubanos que heroicamente arriesgaron su vida aquel 10 de octubre de 1868.

Dado su carácter, Martí pensaba que era abominable aprovecharse de los sufrimientos de un pueblo. En nombre de su liberación no se podía servir a las aspiraciones personales de gloria y poder, aun si para ello se exponía la vida. Dar la vida sólo adquiría sentido cuando se hacía desinteresadamente. Martí fue honesto al prevenir a Máximo Gómez sobre el peligro de arrastrar de nuevo a la patria al caudillismo. Si eso sucedía, todos los esfuerzos serían vanos, mientras no se garantizaran las libertades públicas. Eso fue lo que se puso en juego aquel fatídico año de 1895 cuando los jefes revolucionarios se reunieron a espaldas de Martí en el sitio de la Mejorana.

Lograr la independencia de Cuba era una tarea sencilla comparada con el reto de cambiar la mentalidad, no sólo de los militares —acostumbrados a mandar sin consultar la opinión de las mayorías—, sino de un pueblo que no había aprendido a prescindir de los tiranos. Martí consignó sus temores en su diario de campaña, del que se arrancaron de forma abusiva las últimas páginas. La única persona que podía hablar de aquel encuentro era precisamente Gómez. Pero el general se llevó a la tumba las palabras que dieron forma a la decepción del héroe de la patria.

Martí sufrió el desprecio que los militares sentían por los oradores, a quienes acusaban de ser incapaces de arriesgar la vida en combate. En una carta a Heráclito de la Guardia, citada por Jorge Mañach, lo dice con claridad: "(...) me ha entrado el horror de la palabra como forma de vergüenza en que me tiene la infecundidad de mi existencia. La mano, ganosa de armas más eficaces, o de tareas más viriles o difíciles, rechaza, como una acusación, la pluma. Las amarguras de mi tierra se me entran por el alma y me la tienen loca".

No obstante, se sentía apoyado por la autoridad que la emigración le había otorgado para adelantar una revolución con plena libertad en el ejercicio, libre de las trabas que ponían las sanciones reales, sin la suspicacia de los que desconfiaban del sistema republicano, sin la presencia excesiva de caudillos puntillosos. Su testamento político queda en la carta enviada a Manuel Mercado.

Y era por sus diferencias con Gómez que algunos miembros de la comunidad de emigrados lo miraban con desconfianza. Él sentía la necesidad de explicarse, aclarándoles que toda su vida y todos sus actos habían sido empleados en bien de sus compatriotas y que tanto en lo público como en lo privado no había hecho otra cosa que honrar a su patria. Había organizado el Partido Revolucionario y redactado sus bases; había fundado clubes y asociaciones de emigrados; había fundado el periódico *Patria*, órgano de los exiliados políticos en Nueva York cuyo primer número fue impreso con el dinero de los asalariados del tabaco; había realizado numerosos viajes de propaganda política por los Estados Unidos y Centroamérica en los últimos años de su vida: La Florida, Cayo Hueso, Costa Rica, Jamaica y Panamá; había sido, en definitiva, la conciencia de Cuba en el exilio por voluntad de sus compatriotas.

Martí, que padeció la pobreza desde su infancia, se acostumbró a una vida austera y no quería nada para sí. Formado por espíritus superiores como José de la Luz y Caballero y por seres que amaban la belleza en el arte y la vida más que la riqueza, como su maestro De Mendive, creció con una vocación de servicio y de entrega a los demás. De ellos aprendió esa generosidad que puso en práctica a lo largo de su vida. Impartió clases gratuitamente y socorrió a los necesitados, además de auxiliar a su familia. "He vivido: al deber juré mis armas", diría en sus *Versos libres*. Su férrea voluntad le permitió acercarse a la meta que se había trazado: recuperar la dignidad de Cuba, dándole su independencia. Pero ese ideal estaba siempre en peligro por la fragilidad de la condición humana, por la ambición y el ansia de poder de los caudillos. Su fidelidad a esas ideas lo llevó al campo de batalla de Dos Ríos, donde ofreció su vida el 19 de mayo de 1895.

José Martí abrazó la muerte galopando en su caballo, bajo el cielo de su patria, entre el rumor de dos ríos turbulentos como ejércitos enfrentados, acompañado por un soldado llamado Ángel de la Guardia. Su escudo contra las balas era el amor a la niña de sus ojos, María, cuyo retrato llevaba en su corazón. Su protección contra la adversidad, la cinta azul con la dedicatoria de la hermana de Máximo Gómez. En el bolsillo tenía *La vida de Cicerón* y la pluma manchada con la sangre de sus versos: "Ando en el buque de la vida: sufro/ De náusea y mal de mar: un ansia odiosa". Le había suplicado a su madre el perdón por abandonarla, le había rogado que no dejara de quererlo, había llorado por la separación de su hijo, había cantado en sus versos su dolor por la humanidad encadenada, por los negros humillados, por los indios desamparados de aquel continente hermoso y trágico, por ese vasto horizonte llamado América Latina, por aquella isla cálida y dulce que por fin lo acogía en su seno.

CRONOLOGÍA

1853: Nace en La Habana.

1854: El padre es nombrado celador del barrio del Templete en La Habana.

1857: Viaje de la familia a España con sus tres hijos y allí nace la tercera hermana, Carmen.

1859: Regreso de la familia a Cuba. El padre es nombrado celador en el barrio de Santa Clara.

1860: Casi al finalizar el año empieza a estudiar en el colegio de San Anacleto. Allí conoce a su amigo Fermín Valdés.

1861: Viaje con el padre a La Hanábana, provincia de Matanzas, donde el padre fue nombrado capitán pedáneo del partido judicial del lugar.

1863: Viaja con el padre a Honduras, entonces llamadas Honduras Británicas.

1865: Ingresa en la escuela de Instrucción Primaria Superior de Varones, dirigida por Rafael María de Mendive.

1866: Es admitido en el Instituto de Segunda Enseñanza de La Habana, donde De Mendive costea sus estudios.

1868: En una revista de Guanabacoa, *Álbum*, se publican sus primeros versos.

1869: Publica su primer artículo en la revista *El Diablo Cojuelo*. Los hermanos Valdés Domínguez son detenidos con un grupo de amigos. Martí se ve implicado en el registro que se hace en el domicilio de sus amigos con una carta muy comprometedora.

1870: Es hecho prisionero y condenado a trabajos forzados en las canteras de San Lázaro. A los seis meses es indultado y enviado a la isla de Pinos y posteriormente se ordena su deportación a España.

1871: Viaja a España como desterrado y allí se pone en contacto con Carlos Sauvalle, un compatriota que lo auxilia. Se matricula en la Facultad de Derecho y publica el opúsculo *Presidio político en Cuba.*

1872: Llega a Madrid deportado e indultado su amigo Fermín Valdés con quien moviliza al grupo de expatriados cubanos a favor de la independencia.

1873: Publica el artículo "La República Española ante la Revolución Cubana", tras la instauración de la Primera República en España. Y se pone en contacto con Néstor Ponce de León de la Junta Revolucionaria de Nueva York.

1874: Se traslada a la Universidad de Zaragoza donde se examina en derecho e inicia sus estudios de filosofía y letras. Al finalizar sus estudios se traslada a París.

1875: De París sale para México para reunirse con su familia que se encuentra en ese país. Conoce a Manuel Mercado, vecino de sus padres en la capital mexicana, quien lo ayudará a lo largo de la vida.

1876: Porfirio Díaz depone a Sebastián Lerdo de Tejada y Martí publica en el periódico *El Federalista* un artículo contra el asalto militar. Sale de México a raíz del artículo publicado.

1877: Entra en Cuba clandestinamente y pasa luego a Guatemala, donde se instala con su esposa Carmen Zayas Bazán, con quien se ha casado en México. Escribe para el gobierno guatemalteco la obra *Patria y libertad*.

1878: Publica el artículo "Poesía dramática americana" en el que invita a los autores a buscar la inspiración americana. Es cesado del puesto de profesor en la Escuela Normal de Guatemala. Regresa a La Habana donde reanuda sus actividades a favor de la independencia.

1879: Se crea el Club Central Revolucionario Cubano. Al poco tiempo de empezar la Guerra Chiquita es arrestado tras una delación y deportado nuevamente a España. En la metrópoli se entrevista con Cristino Martos. A los pocos días sale clandestinamente hacia París.

1880: Llega a Nueva York, donde el Comité Revolucionario Cubano lo nombra vocal. Empieza a colaborar en los periódicos *The Hour* y *The Sun*. Regresa a Cuba con su mujer y su hijo.

1881: Viaja a Venezuela, donde permanece seis meses. Allí colabora con *La Opinión Nacional*. Regresa a Nueva York y continúa enviando colaboraciones para este periódico.

1882: Publica el libro de versos *Ismaelillo* dedicado a su hijo ausente, y escribe sus *Versos libres*. Realiza traducciones para Appleton. Se reúne con su esposa y su hijo.

1883: Colabora con la revista *La América*, que se edita en Nueva York, en la que luego coordina la sección literaria; posteriormente será su director.

1884: Discute con Máximo Gómez por diferencias respecto al sentido de la lucha revolucionaria. Es nombrado vice-cónsul de Uruguay en Nueva York, cargo que deja para dedi-carse a colaborar con los planes de Maceo y Gómez y que retomará al año siguiente.

1885: Regresan a Cuba su esposa y su hijo. Publica por entregas en *El Latinoamericano* su novela *Amistad funesta*.

1886: Colabora con los periódicos *El Partido Liberal* de México y *La República* de Honduras.

1887: Muere su padre en La Habana. Es nombrado cónsul de Uruguay en Nueva York. Ofrece un discurso en el Masonic Temple de Nueva York para conmemorar el 10 de octubre. Propone un plan para organizar la revolución, a un grupo de dirigentes cubanos de la emigración, que luego se le presenta a Maceo y a Gómez.

1888: Se funda en Nueva York el "Club de los Independientes", del que forma parte. Se le nombra corresponsal de la prensa argentina en Estados Unidos y en Canadá.

1889: Aparece la primera crónica de *La Edad de Oro* y otra sobre la Conferencia Internacional Americana. Es nombrado corresponsal de *La Opinión Pública* de Montevideo.

1890: Es nombrado cónsul de Argentina y de Paraguay. Inaugura un local de La Liga de Trabajadores Negros, que había fundado junto con Rafael Serra. Es elegido presidente de la Sociedad Literaria Hispano Americana.

1891: Publica en la *Revista Ilustrada* de Nueva York "Nuestra América". Participa en numerosas actividades de la Sociedad Literaria Hispano Americana. Publica su libro *Versos sencillos*.

1892: Crea el Partido Revolucionario Cubano. Funda el periódico *Patria*. Máximo Gómez es elegido responsable militar del partido y Martí viaja a República Dominicana a ofrecerle la jefatura militar.

1893: Recoge fondos para los preparativos de la guerra. Se entrevista en Fernandina con el general Julio Sanguily. Conoce al poeta Rubén Darío. Se reúne en Montecristi con Máximo Gómez. Visita al presidente de Costa Rica en compañía de Maceo.

1894: Publica en *Patria* el artículo "A Cuba", donde denuncia el convenio de intereses españoles y estadounidenses en los sucesos de Cayo Hueso. Ultima en la clandestinidad en Nueva York el Plan Fernandina, que fracasa cuando es denunciado a las autoridades.

1895: Se escribe el *Manifiesto de Montecristi*. Escribe a Federico Henríquez de Carvajal y a su madre. Escribe a Gonzalo de Quesada su testamento literario. Es designado mayor general del ejército libertador. Se traslada a Dos Ríos y allí redacta la carta inconclusa a Manuel Mercado. Muere en combate en Dos Ríos.

OBRAS DE JOSÉ MARTÍ

Primeras ediciones

El presidio político en Cuba, Madrid, 1871.
La República Española ante la Revolución Cubana, Madrid, 1873.
Amor con amor se paga, México, 1876.
Guatemala, México, 1878.
La Edad de Oro, Nueva York, 1879.
Ismaelillo, Thompson y Moreau, Nueva York, 1882.
Amistad funesta, Nueva York, 1885.
Versos sencillos, Louis Weiss and Co., Nueva York, 1891.
Obras completas del maestro (edición de Gonzalo de Quesada), La Habana, 1900-1919, 15 vols.
Obras completas (edición de Alberto Ghiraldo), Atlántica, Madrid, 1925-1929, 8 vols.

Ediciones modernas

Epistolario (edición de M. P. González), Gredos, Madrid, 1975.
Ismaelillo, Versos libres, Versos sencillos (edición de Iván A. Schulman), Cátedra, Madrid, 1999.
Lucía Jerez (edición de Carlos Javier Morales), Cátedra, Madrid, 1994.

Nuestra América, Centro de Estudios Martianos/ Casa de las Américas, La Habana, 1991.

Poesía completa (edición crítica de Cintio Vitier, Fina García Marruz y Emilio de Armas), Letras Cubanas, La Habana, 1985.

Estudios biográficos y críticos

Mañach, Jorge, *Martí, el apóstol*, Editorial de Ciencias Sociales, La Habana, 1990 [1ª edición, Espasa Calpe, Madrid, 1933].

Martínez Díaz, Nelson, *José Martí*, Historia 16/Quorum [Colección Protagonistas de América], Madrid, 1986.

Schultz de Mantovani, Fryda, *Genio y figura de José Martí*, Editorial Universitaria de Buenos Aires, Buenos Aires, 1968.

Toledo Sande, Luis, *Cesto de llamas. Biografía de José Martí*, Editorial de Ciencias Sociales, La Habana, 1990.

Martínez Estrada, Esequiel, *El héroe y su acción revolucionaria*, Sigo XXI, México, 1967.

Fundación Provincial de Cultura, *José Martí, un hombre sencillo* [cronología y selección de textos], Diputación de Cádiz, Cádiz, 1991.

Jiménez, José Olivio, *La raíz y el ala, aproximaciones críticas a la obra literaria de José Martí*, Pre-Textos, Valencia, 1993.

AAVV, "José Martí, poesía y revolución. 'Cuba quiere ser libre' ", en revista *Anthropos*, nº 169, noviembre-diciembre de 1995.

Páginas web

http://www.filosofia.cu/marti/
http://www.damisela.com/literatura/pais/cuba/autores/
marti/
http://cervantesvirtual.com/info_autor/00000274.shtml

Sumario

9

Inicio de la guerra de independencia en Cuba

35

Infancia y adolescencia del héroe

65

El sacrifico del héroe

77

Martí errante

85

La nostalgia del hogar

93

La otra revolución, el modernismo

105

Un ave negra, el caudillismo

115

Cronología

121

Obras de José Martí

125

Este libro se terminó de imprimir en el mes de octubre
del año 2004 en los talleres bogotanos
de Panamericana Formas e Impresos S.A.
En su composición se utilizaron tipos
Sabon, Bodoni Poster y Akzidens Grotesk
de la casa Adobe.